私立特別支援学校と生涯支援

小さな学校の大きな挑戦

星登志雄・田村初枝

平凡社

私立特別支援学校と生涯支援◎目　次

装画：田村明日香（アトリエグレープフルーツ所属）

はじめに

二〇二一年（令和三）一月に「「令和の日本型学校教育」の構築を目指して〜全ての子供たちの可能性を引き出す、個別最適な学びと、協働的な学びの実現〜」が中央教育審議会から文部科学大臣に答申された。九二ページにわたるもので、ＩＣＴ（情報通信技術）の活用で「個別最適な学び」や「子供一人一人のよい点や可能性を生かすことで、異なる考え方が組み合わさり、よりよい学びを生み出していく」などという「協働的な学び」に触れ、わが国の将来を担う子どもたちの教育をいかに進めるかという重要な指標が示された。同じ時期に「新しい時代の特別支援教育の在り方に関する有識者会議　報告」が出ており、「障害の有無に関わらず誰もがその能力を発揮し、共生社会の一員として共に認め合い、支え合い、誇りを持って生きられる社会の構築を目指す」とある。いずれも学校教育の将来の姿を示しているが、一方で、二〇二二年度の公立小・中学校の不登校の児童生徒は二九万九〇四八人という報告があり、何らかの理由で学校教育を受けていない児童生徒が年々増えているという憂うべき現実もある。

学校教育のあり方が問われている今、「特別支援教育は教育の原点」という立場から学校教育のあり方を障がい児の教育実践者の観点で探ることも必要ではないだろうか。障がい児は一般的に感性が鋭く、豊かである。教員は初めて接する障がい児から「信頼に足る人であるか」という審査を受ける。生徒と教員の相互関係で教育が始まることから「教育の原点」と考えてもよいだろう。

「特別支援教育」という名称は二〇〇七年四月から始まったが、それ以前は特殊教育と言われてきた。第一章ではわが国の特殊教育の始まりからこれまでの特別支援教育の歩みを学習指導要領などの変遷を含めながら述べたい。

第二章では、あまり聞きなれていないかもしれないが、「私立特別支援学校」について触れる。わが国には一一七八校（二〇二三年度）の特別支援学校があり、そのうちの一六校が私立特別支援学校である。私立特別支援学校連合会（以下、私特連）には一三学校法人一五校が加盟している。視覚障がいや聴覚障がいの学校は創立一〇〇年を過ぎているところもある。

第三章で取り上げる、筆者らが勤めた旭出学園は一九五〇年に創立し、知的障がいの学校では草分け的な学校である。この旭出学園の創立にかかわったのが、三木安正と徳川正子である。戦後の教育体制をつくるうえで三木の業績は大きかった。前半でその業績を紹介し、後半で三木が設立し、その理念を体現しているともいえる旭出学園の七〇余年の活動の歴史を述べ、公教育の一端を担ってきたことに触れる。さらに、一九六〇年にできた旭出学園教育研究所の活動についても述べる。今でこそ各自治体に障がい児の相談や療育の窓口が設けられるようになったが、当時は相談や療育の機関は少なかった。三木の自由な発想から生まれた教育研究所の設立から現在の活動までを紹介する。

第四章では、旭出学園の教育実践を紹介する形で、三木の知見と創立から約一〇年の教育実践から考えた教育プログラムを紹介する。このプログラムは人間形成の過程であり、一九六三年の養護学校学習指導要領にある「身辺生活の確立と処理」「集団生活の参加と社会生活の理解」「経済生活及び職業生活への適応」という具体的な目標に反映されていた。この教育プログラムで育っていった児童生徒・卒業生は一〇〇〇名近くになるが、そのなかで数名の事例を紹介しながら学校教育の本質を考えたい。

終章では、特別支援教育を含む学校教育の展望に触れ、改めて学校教育のあり方を考えてみる。

第一章から第三章までを星（一部、田村）が執筆し、第四章は田村が執筆する。終章は星・田村の共同執筆で、三木のいう「子どもから学ぶ」ということを大事にして教育を実践してきたことを基に論じている。これは、子どもの権利条約で触れている「子どもの最善の利益」をはかる教育支援や、特別支援教育でいわれている「一人一人の教育ニーズに応じて」に通じることだと思っている。子どもから学んで約半世紀、その物語を始めようと思う。

＊本文では引用文と法律の用語以外は「障がい」とした。「障害」には「妨げる」「悪い」「困る」などの意味やイメージがある。交通障害や通信障害などのモノやコトの使用はよいとしても、ヒトに関しては避けた。また、「障害を持つ」という表記は控え、「障がいのある」を使用した。

第一章

特別支援教育・障がい児教育・特別支援学校の歴史

「学制」と盲・聾教育、特殊教育のはじまり

一八七二年（明治五）に「学制」が頒布された。そのなかに「廃人学校アルヘシ」と規定されていたが、具体的なことがらについては記されていない。江戸末期の寺子屋では、すでに盲・聾《ろう》児が教育を受けていたようである。「学制」の実施によって京都府では聾の児童のための教場を付設してほしいという声が起こっていた。七五年（明治八）頃に京都府の一小学校に聾児の教場ができ、まもなく盲児もその教育対象に加えるようになった。これが契機となり、古河太四郎《ふるかわたしろう》が中心となって七八年に京都に「盲唖院」ができた。これがわが国の特殊教育、特別支援教育のはじまりといわれているが、「盲唖院」の経営は私人の寄付に財源を求めるほかに道がなかったようで、安定的な運営のために翌年に「京都府立盲唖院」になった。

東京でも同じ頃に、外国人宣教師や開明的な知識人などが盲人を教育するための訓盲所を設立しようという運動が起こっていた。一八八〇年（明治一三）に「楽善会《らくぜんかい》訓盲院」が三月に盲児への授業をはじめ、六月には聾児も教育対象者に加えている。「楽善会訓盲院」は八五年に文部省の管轄の学校になり、「東京盲唖学校」と改称され、これが今日の国立

筑波大学附属視覚特別支援学校と国立筑波大学附属聴覚特別支援学校になる。

盲唖学校の「学制」のなかでの位置づけがはっきりしないということで、一八九〇年（明治二三）の小学校令の改正にともない、盲唖学校の設置・廃止に関する規定を設けた。また、翌年の文部省令で盲唖学校の教員の資格、任用、解雇および教則などに関して規定された。

当時の盲唖学校の教育内容・方法に関しては、古河太四郎らの先駆者たちの創意工夫によるものが大きかったようである。また、東京盲唖学校を中心に欧米の盲・聾教育の研究の紹介などがあり、盲教育界では点字を翻案して完成させ、普及していった。聾教育界では時期は少し後になるが、口話法《こうわほう》の導入があった。口話法とは、口や唇の動きで言葉を読み取る方法である。

盲と聾という全く性質の異なる者を同一校で教育するのは双方にとって不利・不便が大きいということで、文部省は一九〇九年（明治四二）に法律を一部改正して新たに東京盲学校を設置し、翌年に従来の東京盲唖学校を廃止して、「東京聾唖学校」を設置した。これで盲教育と聾教育の分離の先鞭をつけた。

しかし、盲と聾を分離した学校は地方にはおよばなかったようで、依然地方では盲唖学校が増加する傾向にあった。しかもその多くは私立であり、学校経営は不安定であった。聾唖学校の社会的認識は低く、公的な補助の道を開く手段もおぼつかない状態であり、なんとかして独立の法令を制定して聾唖学校を制度上に位置づけようとする運動が起こった。

一九二三年（大正一二）に文部省は「盲学校及聾唖学校令」を公布し、「公立私立盲学校及聾唖学校規程」を制定する。これらの措置によってはじめて、わが国は盲学校と聾唖学校という二種の学校を制度上分離することになった。法律には、学校の目的が示され、道府県には盲学校と聾学校を設置することが義務付けられた。そして、学校運営に必要な経費は道府県が負担すべきこと、公立学校では初等部及びその予科の授業料、入学料等は徴収しないことの施策がとられた。私立の盲唖学校は道府県へ移管する動きが強まった。

しかし、現在でも私立の盲学校と聾学校は存在する。神奈川県横浜市にある横浜訓盲学院は一八八九年（明治二二）、ミセス・C・P・ドレーパーによって設立され、一二〇年以上続いている。また、聾教育では現在東京都町田市にある日本聾話学校は、その前身として一九二〇年（大正九）に、神学博士A・K・ライシャワ夫妻とF・クレーマーによって東京牛込福音教会会堂で開校しているが、創立一〇〇周年を迎えたばかりである。

知的障がい児の教育のはじまり

「知的障がい」はかつて「精神薄弱」と呼ばれていたが、石井亮一が一八九一年（明治二四）設立の「孤女学院」を九七年に滝乃川学園と改称して、精神薄弱児施設をはじめた。滝乃川学園での取り組みは教育事業にふさわしいということで、わが国の知的障がい児教育のはじまりとされている。そののちに白川学園（一九〇九年設立）、鎌倉学園（一九一九年設立）、筑波学園（一九二三年設立）、八幡学園（一九二八年設立）、小金井治療教育所（一九三〇年設立）などが篤志家によって精神薄弱児施設として創設されている。

一八七一年（明治四）に文部省が設置されて、翌年に「学制布告書」によりすべての国民が学校教育を受けられるようになり、義務教育就学率の向上とともに、知的発達に遅れのある児童も小学校に就学するようになった。このとき、精神薄弱児の取り扱いが問題になり、特別な学級編制をする措置がとられるようになった。一八九〇年に長野県松本尋常小学校に男女それぞれ一学級ずつが設けられた。その後九六年には長野尋常小学校、一九〇六年に群馬県館林尋常小学校に特別な学級が設けられた。これらが知的障がい児特殊学級（現在の特別支援学級）のはじまりである。

一九〇二年（明治三五）には小学校への就学率が九〇％に達し、〇七年から義務教育の年限が四年から六年になり、教育内容も高度化され、できない子どもの問題がますます顕在化する。ドイツのマンハイムでおこなわれていた能力別学級編制についての報告もあり、文部省は各師範学校附属小学校に特別学級を設ける訓令を出す。しかし、特別学級の取り組みは長続きしなかった。それは、担任のなり手がいない、財政的に十分な措置がとられていない、横のつながりがなく孤立しがちという理由があったが、「精神薄弱児の特質の理解とこれに即応した教育の目標、方法が十分に探り当てきれなかった」ことが大きな原因であった。

わが国最初の知的障がい児（精神薄弱児）の学校は、一九四〇年（昭和一五）六月にできた大阪市立思斉《しせい》学校であり、二学級、児童数三四名で発足したと記してある。当時の小学校令には、精神薄弱児のための学校を設けてよいという条文がないため、各種学校として認可を受けている。思斉学校の発足には、わが国の知能検査の開発者である鈴木治太郎（一八七五～一九六六）が関わっている。

一九〇五年（明治三八）に鈴木は、大阪府師範学校附属小学校に教育治療室を設け、精神薄弱児や学業不振児の特別指導に当たったが、一七年（大正六）に大阪市視学官になり、学業成績の振るわない子どもの知能測定の研究に力を尽くし、退官後も、大阪市小学校教育研究会特殊教育研究部を指導し研究を続けた。その研究の成果が、三九年（昭和一四）に公にされた「大阪市に於ける学業不振児の調査」であり、これに基づいて教育対象とする児童について、次の三つの要望事項にまとめられた。

（1）この調査において、もっとも強度の精神薄弱児IQ五〇以下、六一一名に対しては、現今の小学校の教科教育については、全くその効果を認め得ないので、別途の社会施設をつくり、これら児童の一代を保護する方法を講ずべきである。

（2）やや軽い精神薄弱児IQ五〇〜七〇、三、四七五名に対しては、三〇〇学級の特別学級又は特殊学校を設け、個別指導によらなければならない。特殊学校又は学級で、これらの児童の知能の発達に適した教育を行えば、少なくとも、一、二年の進度を高めるばかりでなく、性格面のゆがみもなおし得るのである。

（3）境界線級の学業不振児IQ八〇以上、一、四四五名については、学習不振の原因はそれら児童の身体的、性格気質的、家庭環境等幾多の原因が複雑であるが、これらの児童のための特別学級を設け、個人指導を行えば、正常の学習進路にまで回復治療することも可能で、これを目的とする「促進学級」または「教育治療室」等をぜひ設けなければならない。

（文部省『特殊教育百年史』）

わが国の特殊教育、特別支援教育の方向性が示されているといえよう。

肢体不自由児の教育のはじまり

肢体不自由児に対する教育についての関心が、整形外科学の進歩とともに盛り上がってきたのは一八九七年（明治三〇）以降である。高木憲次（一八八八～一九六三）は東京帝国大学卒業後、整形外科教室において田代義徳（一八六四～一九三八）の指導を受けながら肢体不自由者の実態調査を実施するうちに、治療とともに教育を受けられる「教療所」が必要と痛感した。それが高木の「夢の楽園教療所」の構想であり、間接的に東京市立光明《こうめい》学校を設立する推進力となった。

一九二一年（大正一〇）五月に柏倉松蔵《かしわくらまつぞう》（一八八二～一九六四）は東京市小石川区に肢体不自由児を対象とした施設「柏学園」を設立する。柏倉は体操教師であったが、体操の時間になると体操を免除された肢体不自由児が運動場の片隅で寂しそうにしている姿をみるにつけ、元気に体操する子ども達の様子と対照して痛々しく思われたことから、休職して東京帝国大学整形外科教室に入り、田代義徳の指導を受け、「病院風にではなく、学校風に、治療の合間には遊戯もさせ、学科も教える」施設として柏学園を創立するにいたったようである。

柏学園の発足が刺激になり、東京市の社会局や教育局が動き、学者、議員らの協力もあって十数年を経た一九三二年（昭和七）に東京市立光明学校が認可される。学校開設時は、学校長、教員五名、看護婦四名、児童三四名であったと記されている。入学選考にあたっては、学校生活によって児童の疾患が悪化しないもの、他の児童に感染する疾病に罹患していないもの、教育の可能性のあるもの、家庭が児童を送迎できるものという条件があった。通学できる範囲という条件から学校付近に母親と子どもの二人で部屋を借りる者もあり、家庭にある程度の経済的余裕がなければ入学が困難であったようである。

独立の学校による肢体不自由児教育は、一九五五年（昭和三〇）にいたるまで光明学校が唯一であったが、これが刺激になって茨城、大阪、三重、熊本の各府県では、小学校に特別な学級を設けたり、身体虚弱児や精神薄弱児の学級と併設するようになった。

病弱・身体虚弱児の教育のはじまり

身体虚弱児は、明治初年から学校教育において問題になっていた。一八八四年（明治一七）、大日本私立衛生会総会において、近視眼、くる病、衰弱（虚弱、腺病、肺病）、頭痛、鼻血、精神病、伝染病が学校病として、その予防方法について討議されている。

一八九七年（明治三〇）の文部省訓令第三号には「学生生徒身体検査規程」があり、体格を三等に区別している。一九二〇年（大正九）の法律では甲、乙、丙の三種に分けて評価するようになり、三七年（昭和一二）には「学校身体検査規程」が公布され、「学校においては学生生徒児童の身体の養護鍛錬を適切にし体位の向上と健康の増進とを図るために」身体検査をおこなうとした。

身体虚弱児童の健康増進の対策のひとつとして、明治の終わり頃から短期間、新鮮な自然環境のもとで休暇集落が実施されていた。もっとも古い休暇集落は、一九〇〇年（明治三三）八月に東京市神田区内の八つの小学校が東京府下馬込村において実施している。その後各地で実施されたが、休暇集落による養護は、結核対策の施設としての意義も認められるようになる。

日本赤十字社は一九一四年（大正三）に夏期児童保養所を一ヵ所開設して、身体虚弱児童五十余名を収容しており、一七年に財団法人白十字会は白十字林間学校を神奈川県茅ケ崎町に設置した。開校当時は九名の児童だったが、六年後には四〇名に達した。二三年の関東大震災により校舎は全壊したが、復興して児童八〇名以上を収容するようになった。

公立の施設としては、一九二四年（大正一三）から大阪市の汎愛《はんあい》小学校が兵庫県西宮市に設置していた通学式郊外教室を、二九年（昭和四）に大阪市立六甲郊外学園として開校したのがはじまりである。同時期に養護学園は静岡県や神戸市、京都市、東京市などにできるが詳細は省略する。

一九三一年（昭和一六）に公布された国民学校令施行規則や、二年後に公布された中学校規程および高等女学校規程に、身体虚弱児童で特別養護の必要ある者にたいして学級や学校の編制を定めている。

以上が五つの障がいの特別支援学校のはじまりの紹介である。一九三八年（昭和一三）の教育審議会の答申では、盲・聾教育の義務化と並んでその他の分野の障がい児のための教育の振興の方途を講ずる必要を提言していたが、わが国は戦時体制への道を辿ることになり、富国強兵の政策のもとに特殊教育はもちろんのこと、学校教育どころではなくなってしまう。平和があってこその教育であることはいうまでもない。

教育基本法・学校教育法について

一九四五年に終戦を迎え、四七年五月三日に日本国憲法が施行される。同年に教育基本法や学校教育法も施行された。教育基本法では、教育の目的を、教育は、人格の完成をめざし、平和的な国家及び社会の形成者として、真理と正義を愛し、個人の価値をたっとび、勤労と責任を重んじ、自主的精神に充ちた心身ともに健康な国民の育成を期して行われなければならない。

と定めた。また、学校教育法の第一条には、

この法律で、学校とは、小学校、中学校、高等学校、大学、盲学校、聾学校、養護学校及び幼稚園とする。

とあり、第七一条には、

盲学校、聾学校又は養護学校は、夫々盲者、聾者又は精神薄弱、身体不自由その他心身に故障のある者に対して、幼稚園、小学校、中学校又は高等学校に準ずる教育を施し、併せてその欠陥を補うために、必要な知識技能を授けることを目的とする。

とある。この第七一条について、当時特殊教育の要職についていた三木安正は、

〝準ずる〟という発想が問題なのであり、ことに〝準ずる〟教育と〝その欠陥を補うために、必要な知識技能を授ける〟ということになると、知的障害のない盲者や聾者あるいは病・虚弱者、肢体不自由の場合は一応よいとしても、精神薄弱者にはどうもなじまない。本来、盲者、聾者等でもはたして〝準ずる〟教育でいいのかということにもなるが、それも本質的には〝準ずる〟だけではいけないと思う。それで、私は、それぞれの障害をもったものに〝最も適切な教育を授け〟ではいけないのかと提言してきたわけであるが、それでは拠りどころがはっきりしなくなるというのが当局の意見のようであった。

（三木安正『残されている夢』）

という見解であった。

二〇〇七年（平成一九）の学校教育法の改正により、第七二条の「特別支援学校の目的」には、

特別支援学校は、視覚障害者、聴覚障害者、知的障害者、肢体不自由者又は病弱者

（身体虚弱者を含む。以下同じ。）に対して、幼稚園、小学校、中学校又は高等学校に準ずる教育を施すとともに、障害による学習上又は生活上の困難を克服し自立を図るために必要な知識技能を授けることを目的とする。

となった。「準ずる」の文言は残っているが、三木のいう「最も適切な教育」に近づいているように思う。

戦後のわが国の養護学校、特別支援学校の誕生

戦前の知的障がい児の教育は特殊学級でおこなわれ、その教育対象者は知能指数がおおむね五〇以上の児童であり、それ以下の知的障がい児は施設が適当という考えであった。戦後の義務教育が六・三制になるということで、国立教育研修所の城戸幡太郎《きどまんたろう》所長（一八九三〜一九八五）に呼ばれた三木は、知的障がい児の教育体制づくりに取り組む。

新制中学校では教師は小学校のような学級担任制ではなく、教科担任制になるので、発達遅滞の者には学校になじんでいくことが困難になる。そこで早速城戸先生に提案

して教育研修所内に中学校段階の特殊学級の実験学級をつくる計画についての同意をいただき、その工作にかかった。

（三木安正『私の精神薄弱者教育論』）

一九四七年（昭和二二）に開始された「品川区立大崎中学校分教場」の実験学級には、小杉長平、杉田裕、山本晋、山口薫、小出進らを迎えて教育活動をおこなう。各人はその後大学の教員となり、戦後の特殊教育、特別支援教育の振興や教員の育成などに貢献している。

大崎中学校分教場はのちに「青鳥《せいちょう》中学校」になり、一九五六年（昭和三一）の公立養護学校整備特別措置法により東京都立青鳥養護学校になる。これが戦後のわが国の養護学校の第一号であり、現在の東京都立青鳥特別支援学校である。「精神薄弱」「ちえおくれ」などの用語は、一九九八年（平成一〇）に「知的障害」の用語に統一された。

コラム ● 児童憲章

一九五一年（昭和二六）に制定された児童憲章を紹介したい。制定から七〇年以上経ても、子どもの幸せを願う上で大事にしたい言葉であると思う。

われらは、日本国憲法の精神にしたがい、児童に対する正しい観念を確立し、すべての児童の幸福をはかるために、この憲章を定める。

児童は、人として尊ばれる。
児童は、社会の一員として重んぜられる。
児童は、よい環境の中で育てられる。

一 すべての児童は、心身ともに健やかにうまれ、育てられ、その生活を保障される。
二 すべての児童は、家庭で、正しい愛情と知識と技術をもって育てられ、家庭に恵まれない児童には、これにかわる環境が与えられる。
三 すべての児童は、適当な栄養と住居と被服が与えられ、また、疾病と災害からまもられる。

四　すべての児童は、個性と能力に応じて教育され、社会の一員としての責任を自主的に果たすように、みちびかれる。
五　すべての児童は、自然を愛し、科学と芸術を尊ぶように、みちびかれ、また、道徳的心情がつちかわれる。
六　すべての児童は、就学のみちを確保され、また、十分に整った教育の施設を用意される。
七　すべての児童は、職業指導を受ける機会が与えられる。
八　すべての児童は、その労働において、心身の発育が阻害されず、教育を受ける機会が失われず、また、児童としての生活がさまたげられないように、十分に保護される。
九　すべての児童は、よい遊び場と文化財を用意され、悪い環境からまもられる。
十　すべての児童は、虐待・酷使・放任その他不当な取扱からまもられる。あやまちをおかした児童は、適切に保護指導される。
十一　すべての児童は、身体が不自由な場合、または精神の機能が不充分な場合に、適切な治療と教育と保護が与えられる。
十二　すべての児童は、愛とまことによって結ばれ、よい国民として人類の平和と文化に貢献するように、みちびかれる。

養護学校の増加と教員養成

文部科学省の学校基本調査による戦後初期の特別支援学校の状況は、一九四七年（昭和二二）には盲学校七四校、聾学校六四校があり、四九年に病弱養護学校一校、五〇年に知的障がい養護学校一校、病弱養護学校二校とある。肢体不自由養護学校は五三年に一校できる。

一九五六年（昭和三一）の公立養護学校整備特別措置法により、全国に養護学校の設置が広がっていくが、養護学校義務制は七九年になる。表1はその前後の特殊教育諸学校数である。

盲学校や聾学校は戦後まもない一九四八年（昭和二三）に義務制になり、第一学年から順次進行していった。盲・聾学校の学校数の大きな増減はないが、知的障がい、肢体不自由、病弱・虚弱の養護学校は年々増加している。

学校ができれば教員が必要である。一九四九年（昭和二四）九月から教育職員免許法が施行された。五四年の教育職員免許法の改正により「盲・聾・養護学校教員は、当分の間、小・中・高等学校又は幼稚園の教諭の普通免許状を有していればそれぞれの特殊教育諸学

表1　特殊教育諸学校数

	1965年	1970年	**1979年**	1980年	1990年
盲学校	77	75	73	73	70
聾学校	107	108	110	110	108
知的障がい	58	96	400	414	482
肢体不自由	59	98	158	168	188
病弱・虚弱	34	40	96	95	99

＊1979年養護学校義務制施行

校の教員免許状をもっていなくてもなりうる」と定められている。しかし、特殊教育に関する教員の専門性の育成のために国立大学の教育学部中心に教員養成課程が開設される。養護学校の教員養成課程は、六〇年に初めて東京学芸大学と広島大学に設置され、その後随時国立大学に設置されていく。全国立大学四七校の教育学部に養成課程ができるのは七三年であり、定員は合計で九六〇名であった。

学習指導要領の変遷

一九七九年（昭和五四）の養護学校義務制の施行にあたっては、「障がい児を普通学級に」という運動があった。この運動はすべての障がい児を普通学級に通わせるというものであったが、障がい児が普通学級に籍を置いても「お客さん」で本当の学びができていないのが実状であった。とはいえ、これまで重い障がい児は「就学猶予・免除」の措置を受けていたわけで、その子たちの教育権の保障ということでは大きな進展であった。学校の義務制の意味は、国や地方公共団体は学校を設置する義務があり、保護者は子どもを学校に通わせる義務があるということであり、子どもにとっては教育を受ける権利があるということを改めて考えたい。

学校教育は学校教育法などに基づいた教育課程（カリキュラム）を編成するわけだが、その基準を示すのが「学習指導要領」である。約一〇年ごとに改訂される学習指導要領を追うことにより戦後から今日までの知的障がい特別支援学校の変遷がわかると思うので紹介する（表2）。

表2　学習指導要領の変遷

一九六三年	昭和三八年	養護学校小学部・中学部精神薄弱教育編　文部事務次官通達
一九七一年	昭和四六年	養護学校（精神薄弱教育）小学部・中学部学習指導要領
一九七二年	昭和四七年	養護学校（精神薄弱教育）高等部学習指導要領
一九七九年	**昭和五四年**	**養護学校義務制実施**

同年		盲学校、聾学校及び養護学校小学部・中学部学習指導要領
同年		盲学校、聾学校及び養護学校高等部学習指導要領
一九八九年	平成　元年	盲学校、聾学校及び養護学校幼稚部教育要領、盲学校、聾学校及び養護学校小学部・中学部学習指導要領、高等部学習指導要領（告示期が異なる）
一九九九年	平成一一年	盲学校、聾学校及び養護学校幼稚部教育要領、盲学校、聾学校及び養護学校小学部・中学部学習指導要領、高等部学習指導要領（告示期が異なる）
二〇〇一年	**平成一三年**	**21世紀の特殊教育の在り方について　最終報告**
二〇〇三年	**平成一五年**	**今後の特別支援教育の在り方について　最終報告**
二〇〇七年	**平成一九年**	**特別支援教育スタート**
二〇〇八年	平成二〇年	特別支援学校幼稚部教育要領、特別支援学校小学部・中学部学習指導要領、特別支援学校高等部学習指導要領（告示期が異なる）
二〇一七年	平成二九年	特別支援学校幼稚部教育要領、特別支援学校小学部・中学部学習指導要領
二〇一九年	平成三一年	特別支援学校高等部学習指導要領

初めての養護学校学習指導要領

戦後、知的障がいの初めての学習指導要領は、一九六三年（昭和三八）に「養護学校小学部・中学部精神薄弱教育編」が文部事務次官通達として出された。この作成に三木は大きく関わり、当時のことを次のように述べている。

文部省の仕事に協力したものの中で、一番長期にわたり、また面倒なものは学習指導要領の作成であった。これは二回あった。

第一回は昭和三五年の春から昭和三八年まで三年ほどかかり、第二回目は昭和四四年一二月から昭和四七年三月までに二年あまりかかった。

学習指導要領を作成するには、まず教育課程審議会が構成され、そこでの審議によって方針がきめられると、それを教材等調査研究会（第二回の時は、これが教育課程改善調査研究協力者会議と変わった）におろして、細目をきめていくわけであるが、その段階では多くの協力者が参加する。

ところで、第一回の学習指導要領作成の際は、精神薄弱児教育にとっては最初のものであり、多くの問題に逢着した。

もっとも基本的には、教育課程あるいは学習指導要領といったものを文部省がきめ、かつ、それに法的規制力をもたせるということの可否の問題がある。諸外国にはそうした例が少ないようであるが、わが国では法的にそういうことになっているので、それに従わざるを得ないことになる。まず特殊教育の目的については、学校教育法第七一条に「盲学校、聾学校又は養護学校は、それぞれの盲者、聾者又は精神薄弱者、身体不自由者若しくは病弱者に対して、幼稚園、小学校、中学校又は高等学校に準ずる教育を施し、あわせてその欠陥を補うために、必要な知識技能を授けることを目的とする。」とあり、これをうけて学校教育施行規則第七三条の七には「盲学校、聾学校及び養護学校の小学部の教育課程は、国語、社会、算数、理科、音楽（聾学校の小学部にあっては律唱とする。）、図画工作、家庭及び体育（養護学校の小学部にあっては、肢体不自由者を教育する場合は体育・機能訓練、病弱者を教育する場合は養護・体育とする。）の各教科並びに道徳、特別教育活動及び学校行事等によって編成するものとする。」（中学部の規定は省略）となっていた。

私どもは以前から、とくに精神発達の障害があるものに対する教育として、健常児の教育に〝準ずる教育〟という考え方は当を得ないという主張をしてきたし、また、実際の教育に当たっては「教科」に分けられた教育内容をばらばらに課していくことは精神薄弱児教育には合わないので、発想法を変えていく上からも、「教科」という枠組をこわして「領域」という考え方で教育内容を組み立てることを考えてきた。
そして、たまたま昭和三四年度の文部省主催の精神薄弱児教育研究集会で、数年前から検討してきた考えがまとめられて、健康、生活、言語、数量、情操、生産というような「六領域案」が発表された後でもあった。
したがって、文部省で、学習指導要領の作成がはじめられた時、前記の学校教育法施行規則にきめられているような教科分けを変えることはできないものかということを問題にしたが、その壁は全く厚く、さらに教科分けを変えようとすれば教育職員免許法等にもひびいていくので、そうなると学習指導要領はいつ陽の目をみるかわからないし、それができないと養護学校の充実計画もすすめられないということで、結局、国語は国語でも精神薄弱児用国語を考えていけばよいのではないかということで作業がはじめられた。

（三木安正『私の精神薄弱者教育論』）

この証言は知的障がい児の教育の原点に関する議論ともいえ、後世まで残しておくべき内容であろう。

学習指導要領の改訂

一九七一年（昭和四六）三月に「養護学校（精神薄弱教育）小学部・中学部学習指導要領」が告示される。その特徴は「小・中学校の教育目標や内容の水準を下げ、細かく段階ごとに設定して教育を施すという、いわゆる「水増し教育」を廃し、あくまでも知的障害児の特性や社会生活を考慮した生活中心の教育、経験主義の教育を推進しようとする流れがあり、それに呼応したものといえる」と解説している。小学部には生活科を設け、障がいの重い子の指導の手掛かりとして「養護・訓練」が設けられた。

一九七二年（昭和四七）一〇月には「養護学校（精神薄弱教育）高等部学習指導要領」が初めて文部大臣告示として公示された。高等部の教育目標として「①中学部における教育の目標をなお十分に達成するとともに、その成果をさらに発展拡充させること②生徒の将来の職業生活や家庭生活に必要な能力や態度を身に付けさせること」となっており、高等部に進学する生徒の増加や障がいの程度の重度・重複化、多様化しつつある状況に対応した内容になった。

一九七九年（昭和五四）七月に告示された学習指導要領は、これまで盲学校、聾学校、養護学校（精神薄弱編、肢体不自由編、病弱編）に分けられていたものが「盲学校、聾学校及び養護学校小学部・中学部学習指導要領」と「盲学校、聾学校及び養護学校高等部学習指導要領」にまとめられた。また、同年四月から養護学校の義務制が施行されていたので、それにともない障がいの重度化、重複化に対応するために発達段階にあわせて五段階の教育内容に整理している。また、訪問教育や交流教育にも触れている。

一九八九年（平成元）一〇月に「盲学校、聾学校及び養護学校学習指導要領」が改訂された。このときの特徴は、小学部の各教科の内容を発達段階に応じて三段階としたこと、高等部に専門教育に関する教科として家政、農業、工業を新設したこと、幼稚部の教育要領としてこれまでの「健康」「人間関係」「環境」「言葉」「表現」の五領域に「養護・訓練」を加えて六領域にしたことなどであった。

一九九三年（平成五）に「通級による指導」が始まる。これは、教科の学習は主として通常の学級で学びながら障がいによる学習上または生活上の困難を主体的に改善・克服するための特別な場所でおこなう教育形態であり、おもに「自立活動」の内容が取り入れられた。

一九九九年（平成一一）三月の養護学校の学習指導要領の改訂は、一九九八年の幼稚園、小学校、中学校及び高等学校の教育課程の基準の改善に準じたものになり、養護学校にも

図1　1999年改訂の養護学校教育課程

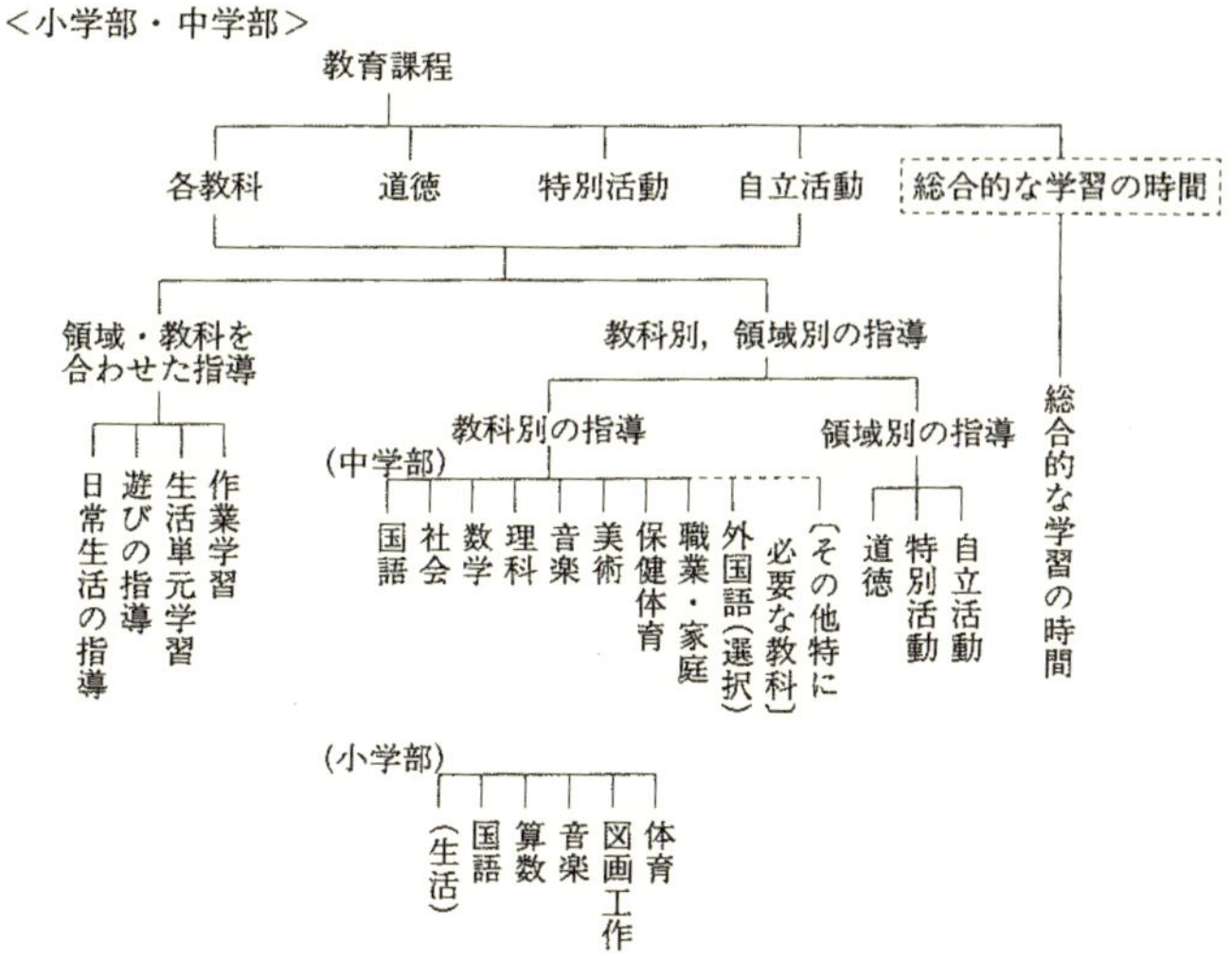

※小学部の教育課程は，各教科，道徳，特別活動及び自立活動により編成する。

「総合的な学習の時間」が設けられた。養護学校の小学部・中学部の教育課程は図1のようになった。

また、一九九九年の改訂では、「養護・訓練」が「自立活動」に改称され、内容も整理された。高等部の専門教育に関する各教科には「流通・サービス」が加えられ、社会の変化への対応がみられる。

小学校、中学校の学習指導要領には「特殊学級」「通級による指導」の規定も初めて示され、各教科の内容の表記に「せる」「させる」などとあった使役的な表現が改められ、児童生徒の学びの主体性を重んじる表現になった。

なお、「総合的な学習の時間」は、二〇一七年（平成二九）の学習指導要領の改訂によって高等部では「総合的な探究の時間」に改称された。

自立活動について

一九七一年（昭和四六）の学習指導要領に示された「養護・訓練」の内容は、「身体の健康」「心理的適応」「環境の認知」「運動・動作」「意思の伝達」であった。これが二〇一七年に改訂された際の「自立活動」では、以下のような内容となっている。

1　健康の保持
(1)生活のリズムや生活習慣の形成に関すること。
(2)病気の状態の理解と生活管理に関すること。
(3)身体各部の状態の理解と養護に関すること。
(4)障害の特性の理解と生活環境の調整に関すること。
(5)健康状態の維持・改善に関すること。

2　心理的な安定

（1）情緒の安定に関すること。
（2）状況の理解と変化への対応に関すること。
（3）障害による学習上又は生活上の困難を改善・克服する意欲に関すること。

3 人間関係の形成
（1）他者とのかかわりの基礎に関すること。
（2）他者の意図や感情の理解に関すること。
（3）自己の理解と行動の調整に関すること。
（4）集団への参加の基礎に関すること。

4 環境の把握
（1）保有する感覚の活用に関すること。
（2）感覚や認知の特性についての理解と対応に関すること。
（3）感覚の補助及び代行手段の活用に関すること。
（4）感覚を総合的に活用した周囲の状況についての把握と状況に応じた行動に関すること。
（5）認知や行動の手掛かりとなる概念の形成に関すること。

5 身体の動き

（1）姿勢と運動・動作の基本的技能に関すること。
（2）姿勢保持と運動・動作の補助的手段の活用に関すること。
（3）日常生活に必要な基本動作に関すること。
（4）身体の移動能力に関すること。
（5）作業に必要な動作と円滑な遂行に関すること。

6　コミュニケーション

（1）コミュニケーションの基礎的能力に関すること。
（2）言語の受容と表出に関すること。
（3）言語の形成と活用に関すること。
（4）コミュニケーション手段の選択と活用に関すること。
（5）状況に応じたコミュニケーションに関すること。

これらのことがらを改めて読み返すと、特別支援教育において児童生徒に身に付けてもらいたい内容ではあるが、障がいのあるなしにかかわらず、誰もが生涯にわたって関わる配慮事項ではないだろうか。特に高齢化社会の介護の現場でも使用できるだろう。また、障害者権利条約が批准された今日では、これらのことは「合理的配慮」として扱ってもよいだろう。それだけに教員には「自立活動」を十分に理解したうえで児童生徒の状態に合わせて適宜活用して教育支援にあたってほしいものである。

海外の動き

国際的には、一九九四年に提唱されたサラマンカ宣言で「インクルーシブ教育」や「特別なニーズ教育」が謳われており、世界の教育界は「ノーマライゼーション（障がい者が健常者と同じ権利を持っている社会）」から「インクルージョン（多様性と個性を尊重する共生社会）」へ移っている。わが国の特別支援教育に大きな影響を与えていることは間違いない。

また、障がいの概念も変化してきており、一九八〇年にWHOが示した国際障害分類は「病気 Disease or Disorder → 機能不全 Impairment → 能力低下 Disability → 社会的不利 Handicap」という個人モデルであった。八一年は国際障害者年として「完全参加と平等」のスローガンが掲げられた。二〇〇一年にWHO総会で採択されたICF（国際生活機能分類）では、障がいという概念は個人因子だけでなく、環境因子が大きく関わっているとされた（図2）。例えば、車椅子の障がい者が電車を利用するときに改札口か

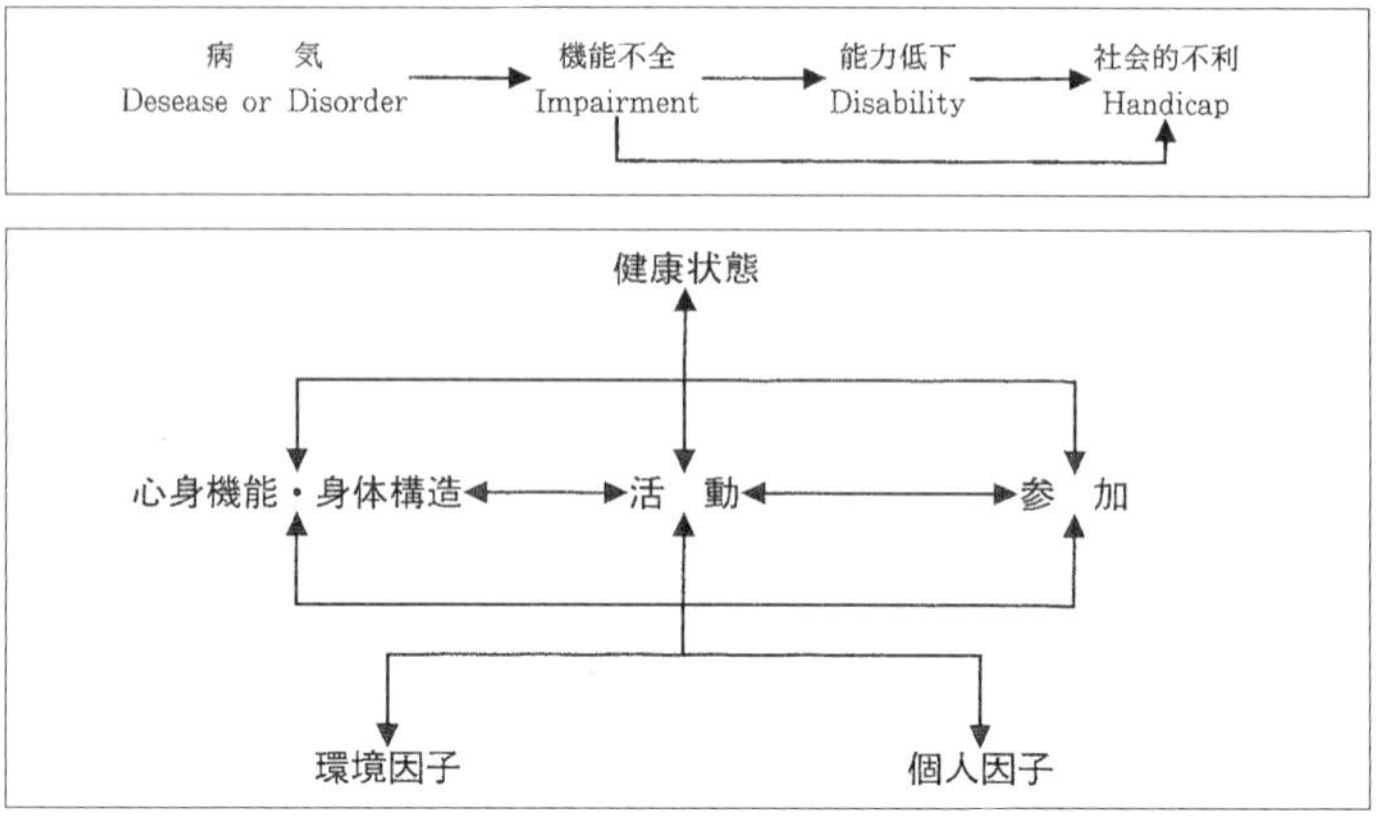

図２　1980年の国際障害分類（上）と2001年のICFによる障がいの概念
（独立行政法人国立特殊教育総合研究所・世界保健機構編著『ＩＣＦ活用の試み』〈ジアース教育新社、2005〉）

らホームまで階段だけであれば「障害」になるが、エレベーターの設置により移動が可能になれば「障害」が取り除かれる。環境を変えることによって「参加」や「活動」が可能になるという考えをさまざまな政策に活かすことが今でも続けられている。特に障がい者の雇用では、健常者が一人ですべてやることは効率的であるが、製品を完成する工程のなかで障がい者の能力や特性などを生かす工程があれば「シェア」「分かち合う」という配慮によって生産活動に参加でき、障がい者の雇用環境は大きく変わるだろう。

特殊教育から特別支援教育への転換

二一世紀を迎え、わが国は「21世紀の特殊教育の在り方について」の検討を重ね、二〇〇三年三月に「今後の特別支援教育の在り方について」の最終報告を公表した。最終報告の基本的考え方として、

特別支援教育とは、従来の特殊教育の対象の障害だけでなく、ＬＤ、ＡＤＨＤ、高機能自閉症を含めて障害のある児童生徒の自立や社会参加に向けて、その一人一人の教育的ニーズを把握して、その持てる力を高め、生活や学習上の困難を改善又は克服するために、適切な教育や指導を通じて必要な支援を行うものである。

とまとめられた。このなかでは、文部科学省が公立小中学校の学級担任らに「通常の学級に在籍する特別な教育的支援を必要とする児童生徒に関する全国実態調査」をおこない、「学習面か行動面で著しい困難を示す」児童生徒が六・三％在籍していたことにも触れている。同調査は一〇年後の二〇一二年にもおこなっているが、在籍率が六・五％と報告さ

れ、さらに二〇二二年の調査では、小学校に約一〇・五％、中学校に約五・六％、高等学校に約二・二％との報告があった。学習障がい（LD）や注意欠如・多動性障がい（ADHD）、高機能自閉症などの発達障がい児への教育支援は緊急の課題になっている。

特別支援教育では、従来の視覚障がい、聴覚障がい、知的障がい、肢体不自由、病弱・虚弱の児童生徒に加え、学習障がい、注意欠如・多動性障がい、高機能自閉症、アスペルガー症候群等を含む児童生徒の教育支援を含むようになった。

教員は対象児をよくみて、本人を含む関係者に話を聞いて、十分に実態を把握することが求められるようになった。さらに児童生徒自身の学びのニーズを踏まえながら「個別の教育支援計画」や「個別の指導計画」を作成して教育支援をおこない、持てる力を引き出して伸ばしつつ、本人の生活上の困り感や学習上のつまずきが改善あるいは克服されているかを随時評価しなければならなくなった。教員の専門性を高めて、児童生徒の「自立と社会参加」に向けていこうという取り組みが始まったのだ。

二〇〇七年四月から特別支援教育がはじまり、養護学校は特別支援学校に改称された。旭出学園も「旭出養護学校」を「旭出学園（特別支援学校）」に改めた。特別支援学校という文字をカッコ付けとして小さく表示することにしたのは、将来的に特別支援学校がなくなる時代になっても「子どもにとって最善の教育支援を提供する学校」として存在してほしいという願いがあった。盲学校や聾学校も特別支援学校という位置づけになったが、伝統を重んじて従来の校名を使用している学校は多い。

学習障がい、注意欠如・多動性障がい、高機能自閉症

まず三つの障がいの定義に触れるが、学習障がいは、「基本的には全般的な知的発達に遅れはないが、聞く、話す、読む、書く、計算する、推論する能力のうち特定のものの習得と使用に著しい困難を示すさまざまな状態を示すもの。その原因として、中枢神経系に何らかの機能障害があると推定されるが、視覚障害、聴覚障害、知的障害、情緒障害等の障害や環境的な要因が直接的な原因ではない」とされる。

注意欠如・多動性障がいは、「年齢あるいは発達に不釣り合いな注意力、及び／又は衝動性、多動性を特徴とする行動の障害で、社会的な活動や学業の機能に支障をきたすものである。また、七歳以前に現れ、その状態が継続し、中枢神経系に何らかの要因による機能不全があると推定される」とされる。

高機能自閉症は、「三歳位までに現れ、①社会的相互交渉の障害、②コミュニケーションの障害、③興味や関心が狭く特定のものにこだわることを特徴とする行動の障害である

自閉症のうち、知的発達の遅れを伴わないものをいう。また、中枢神経系に何らかの要因による機能不全があると推定される」と規定されている。

障がい者福祉の動向

戦後の障がい者の福祉については、視覚障がい、聴覚障がい、肢体不自由等の身体障害者福祉法が一九四九年（昭和二四）にできたことから始まる。その二年後の五一年に「社会福祉の増進」を目的に社会福祉事業法が成立する。六〇年に精神薄弱者福祉法ができ、改正を重ねながら、現在は知的障害者福祉法になっている。特別支援学校の卒業者には福祉関連の事業に進むものも多いと思うので、この法律について一部紹介する。

（この法律の目的）

第一条　この法律は、障害者の日常生活及び社会生活を総合的に支援するための法律（平成十七年法律第百二十三号）と相まって、知的障害者の自立と社会経済活動への参加を促進するため、知的障害者を援助するとともに必要な保護を行い、もって知的障害者の福祉を図ることを目的とする。

（自立への努力及び機会の確保）
第一条の二　すべての知的障害者は、その有する能力を活用することにより、進んで社会経済活動に参加するよう努めなければならない。
2　すべての知的障害者は、社会を構成する一員として、社会、経済、文化その他あらゆる分野の活動に参加する機会を与えられるものとする。
（国、地方公共団体及び国民の責務）
第二条　国及び地方公共団体は、前条に規定する理念が実現されるように配慮して、知的障害者の福祉について国民の理解を深めるとともに、知的障害者の自立と社会経済活動への参加を促進するための援助と必要な保護（以下「更生援護」という。）の実施に努めなければならない。
2　国民は、知的障害者の福祉について理解を深めるとともに、社会連帯の理念に基づき、知的障害者が社会経済活動に参加しようとする努力に対し、協力するように努めなければならない。

これらの内容については、二〇一二年に「障害者総合支援法」になり、障がいの種別を問わずに総合的な福祉の体系になった。その基本理念は次のとおりである。

障害者及び障害児が日常生活又は社会生活を営むための支援は、全ての国民が、障害の有無にかかわらず、等しく基本的人権を享有するかけがえのない個人として尊重されるものであるとの理念にのっとり、全ての国民が、障害の有無によって分け隔てられることなく、相互に人格と個性を尊重し合いながら共生する社会を実現するため、全ての障害者及び障害児が可能な限りその身近な場所において必要な日常生活又は社会生活を営むための支援を受けられることにより社会参加の機会が確保されること及びどこで誰と生活するかについての選択の機会が確保され、地域社会において他の人々と共生することを妨げられないこと並びに障害者及び障害児にとって日常生活又は社会生活を営む上で障壁となるような社会における事物、制度、慣行、観念その他一切のものの除去に資することを旨として、総合的かつ計画的に行わなければならない。

二〇一四年にはわが国も「障害者権利条約」を批准し、特別支援学校の教員は新しい制度や条約などを参考にしながら生徒の学校卒業後の人生を見守ることも必要になった。就学前の情報を「個別の教育支援計画」に反映させ、その計画に基づく教育実践をおこない、評価し、卒業が間近になれば「個別の移行支援計画」を作成し、現場実習を重ねて各人に最も相応しい進路先を決定していくことになり、福祉と教育、労働などの連携が一層強まってきている。

教育基本法の改正

二〇〇六年一二月一五日に教育基本法の改正が可決された。第一条の教育の目的の条文は、

教育は、人格の完成を目指し、平和で民主的な国家及び社会の形成者として必要な資質を備えた心身ともに健康な国民の育成を期して行われなければならない。

となり、第二条に教育の目標として、

教育は、その目的を実現するため、学問の自由を尊重しつつ、次に掲げる目標を達成するよう行われるものとする。

一　幅広い知識と教養を身に付け、真理を求める態度を養い、豊かな情操と道徳心を培うとともに、健やかな身体を養うこと。
二　個人の価値を尊重して、その能力を伸ばし、創造性を培い、自主及び自律の精神を養うとともに、職業及び生活との関連を重視し、勤労を重んずる態度を養うこと。
三　正義と責任、男女の平等、自他の敬愛と協力を重んずるとともに、公共の精神に基づき、主体的に社会の形成に参画し、その発展に寄与する態度を養うこと。
四　生命を尊び、自然を大切にし、環境の保全に寄与する態度を養うこと。
五　伝統と文化を尊重し、それらをはぐくんできた我が国と郷土を愛するとともに、他国を尊重し、国際社会の平和と発展に寄与する態度を養うこと。

という条文になった。旧法の目的にあった「真理と正義を愛し、個人の価値をたっとび、勤労と責任を重んじ、自主的精神に充ちた心身ともに」とあった内容は教育の目標に盛り込まれた。

さらに第八条に、

私立学校の有する公の性質及び学校教育において果たす重要な役割にかんがみ、国及び地方公共団体は、その自主性を尊重しつつ、助成その他の適当な方法によって私立学校教育の振興に努めなければならない。

とあり、私立学校が公の教育の一端を担っていることを評価された。これは、すべての私立特別支援学校にとって、歓迎すべき内容であった。

「自立と社会参加」を考える

特別支援教育の最終報告に「障害のある全ての幼児児童生徒の自立や社会参加に向けた主体的な取組を支援するという視点に立ち、幼児児童生徒一人一人の教育ニーズを把握し、その持てる力を高め、生活や学習上の困難を改善又は克服するため、適切な指導及び必要な支援を行う」とあるが、完全なる自立というものはなく、互いに助け合って生きているというのが一般的な社会の実際の姿であり、衣食住を考えてもすべて他人にお世話になっている。「自立」を強調すると、〈何でも自分でしなくては〉という風潮を生み、通常教育においてはオールマイティの能力を求められ、苦しむ児童生徒が出てくる。「自分でできることは自分でやるが、できないことは「お願いします」と言って頼む」ことの方が「共生社会」の時代には相応しく、生きづらさの軽減につながるだろう。

また、「社会参加」については「ヒトは社会的動物」といわれているように、生まれたときに父母に祝福され、兄弟姉妹に微笑みかけられ、親族には「おめでとう。よかったね」と声をかけられ、近隣、友人などからも祝辞が届けられる。すでに「社会参加」しているわけで、「社会参加」をいうならばもう少し説明が必要だろう。「社会活動への参加」として生産活動や芸術活動、余暇活動、地域活動などを含む活動への参加と解説を加えるべきであろう。

一般的に、学校卒業後の人生を考えると、自分の能力や特性などを発揮できる職業に出会ったら幸運であろう。出会った職業で真面目に働き、その対価として給料を得て生計を立てる。休日には趣味を生かした余暇を過ごし、時には親しい友人と飲食をともにして親交を深める。こんな日々を障がいのあるなしにかかわらず豊かな人生として過ごすことができれば理想的だろう。

自分の能力や特性にたいする気づきや伸長が学校教育の役目であるが、知的障がい児の場合にはその育成には時間がかかる。そこで、高等部本科だけでなく専攻科での学びが必要になる。専攻科とは、高等部卒業後に二〜四年間学ぶ場として設置されるもので、社会への移行期の教育支援をおこなっている。専攻科については次章で述べたい。

特別支援教育時代の学習指導要領

学習指導要領の話に戻るが、特別支援教育が開始された二年後の二〇〇九年三月に「特別支援学校幼稚部教育要領　小学部・中学部学習指導要領　高等部学習指導要領」が告示された。主な改善事項として「障害の重度・重複化、多様化への対応」「一人一人の特性に応じた指導の充実」「自立と社会参加に向けた職業教育の充実」「交流及び共同学習の推進」を挙げている。「障害の重度・重複化、多様化への対応」では、自立活動の指導内容に「人間関係の形成」が追加され、教師間の協力した指導（チーム・ティーチング）や外部の専門家を招いて学習効果を上げることなどを示している。また「個別の指導計画」や「個別の教育支援計画」の作成が義務付けられた。

二〇一七年四月の特別支援学校学習指導要領の改訂の主な改善事項としては「学びの連続性を重視した対応」「一人一人の特性に応じた指導の充実」「自立と社会参加に向けた教育の充実」を挙げている。「一人一人の特性に応じた指導の充実」には〝コンピュータ等の情報機器（ＩＣＴ機器）の活用〟〝生涯学習〟の文言が出てくる。アクティブラーニングの推進を受けて、これまでの「総合的な学習の時間」を「総合的な探究の時間」に変え、一層主体的な学びを強調している。

二〇二〇年の新型コロナウイルスの感染症の蔓延以降、学校現場は臨時休校や手指の消毒やマスクの着用、三密を避ける、換気などさまざまな対策がとられてきたが、二〇二三年五月に五類に移行された。この間にＩＣＴ教育を活用したリモート授業が急速に普及し、「リモート型」「対面型」「ハイブリッド型」と目的に応じて伝達方法を考慮するようになった。不登校の生徒へのリモート授業などを取り入れ、不登校から登校へつながった事例もある。登校が日常化した現在でも、新型コロナウイルスをはじめ、インフルエンザウイルス、ノロウイルスなどのウイルスとつきあいながら生活を送っていかなければならない。新型コロナウイルス対策の約三年間は、今後の学校生活に役立てていかなければならない。

二〇一九年九月から文部科学省において「新しい時代の特別支援教育の在り方に関する有識者会議」がはじまった。その委員として私立特別支援学校連合会（私特連）にも声がかかり、若葉高等学園理事長兼校長の大出浩司が参加してきた。毎回事前に提案される議題を私特連の加盟校に配信して、意見を集約して会議で発言する機会を得るようになった。今後もこのような機会があれば、私特連が積み上げてきた教育理念に基づく教育実践から導き出された幼児児童生徒にとっての最善の教育を発信できたらと思っている。二〇二一年一月の最終報告は文部科学省ＨＰで公開されている。

表3　障がい種別の特別支援学校数

	2010年度	2020年度
視覚障がい校	83	86
聴覚障がい校	116	119
知的障がい校	632	790
肢体不自由校	295	352
病弱・身体虚弱校	129	158
計	1255	1505

https://www.mext.go.jp/b_menu/shingi/chousa/shotou/154/mext_00644.html

特別支援学校の現況

日本は少子高齢化が進み、児童生徒の在学者数は年々減少している。子どもの出生数の減少は、わが国の未来に暗い影を落とすものであり、戦後のベビーブームに生まれた筆者は「産み育てることができる社会」の政策に期待している。生まれた子どものなかに一定数の特別な支援を必要とする者がいる。東京パラリンピック二〇二〇（二〇二一年開催）にともなって、国連では世界の総人口の約一五％、約一二億人が障がい者という報告をしている。

わが国の二〇一九年度の特別支援教育の対象者は全児童生徒数の約一〇％であった。特別支援教育を担う

表4　特別支援教育を受ける児童生徒数

	2009年度	2019年度
義務教育段階の児童生徒数	1074万人	973万人
特別支援教育を受ける児童生徒数	25.1万人 (2.3%)	48.6万人 (5.0%)
特別支援学校生徒数	6.2万人 (0.6%)	7.5万人 (0.8%)
小・中学校　特別支援学級 児童生徒数	13.5万人 (1.3%)	27.8万人 (2.9%)
通級による指導児童生徒数	5.4万人 (0.5%)	13.3万人 (1.4%)

特別支援学校の在り方は今後とも探っていく必要があるが、文部科学省の資料から現況を報告する。

表3の通り、特別支援学校数は一〇年間で二五〇校増えている。では、特別支援教育の対象の児童生徒数はどうであろうか。学校数と年度は異なるが、表4にまとめてみた。カッコ内の数字は、全児童生徒数に対する割合である。

全児童生徒数はこの一〇年間で約一〇一万人減少したのに対して、特別支援教育を受ける児童生徒数は約一・九倍に増えていることがわかる。子ども一人ひとりへの適切な教育支援の期待はますます高まっているといえよう。

楽しく学べる場としての子どものための学校を

二〇一七年（平成二九）に改訂された学習指導要領には「個別の教育支援計画」や「個別の指導計画」が義務付けられ、「今後の特別支援教育の在り方について」で示された「一人一人の特性に応じた学び」の体制が整備されてきた。二一年には「医療的ケア児支援法」が成立して九月から施行されている。

児童生徒が「わからない」「できない」という状態は特別支援学校では日常的に生じる。しかし、「わかる」「できる」状態にするためにさまざまな創意工夫をするのが教員の役目である。チーム・ティーチングが日常であるから教員間で話し合うし、授業研究もする。児童生徒がわかるようになれば、児童生徒自身もうれしいし、教員自身も授業が良かったとホッとする。そのような授業であれば、児童生徒も教員もさらに向上するであろう。「わからない」「できない」ことを児童生徒のせいにするのではなく、教員の「授業の改善」への児童からのサインと認識したい。これが「子どもから学ぶ」ということであり、改善のための研究と工夫により教員の専門性は高まってくる。特別支援教育が教育の原点であるというのは、このことからもいえるだろう。

「学ぶことが楽しい」と体験した人は、社会に巣立っても学ぶことを続けていくだろう。しかし、知的障がい者の学びには支援者が必要である。かつては東京都では公民館活動として知的障がい者を対象にした青年学級がさかんにおこなわれていたが、現在は二三区や多摩地域の一部に残っている程度であり、下火になってしまったのは残念である。生涯学習の時代に相応しい「学びの連続性」を探っていきたい。

障がい児の学校教育は、これまでみてきたように篤志家によって始められた。第四章で事例として挙げる旭出学園も例外ではなく、一九五〇年に創立している。盲学校、聾学校は一九四八年に義務化され、知的障がい児や肢体不自由児、虚弱・病弱児の学校は七九年に養護学校として義務化された。教育の内容や方法などを示す学習指導要領はおおよそ一〇年ごとに改訂された。

二〇〇七年に特別支援教育が導入され、子どもの一人ひとりの状態やニーズに応じて適切な教育支援をおこない、自立と社会参加に向けてのインクルーシブ教育が始まり、障がいのあるなしにかかわらず自己実現をする共生社会の時代に入った。一八歳までは子ども時代であるが、誰もが、どこでも、適切な教育を無償で受けられる権利が子どもにあることを実現したい。

新教育基本法の教育の目的には「教育は、人格の完成を目指し、平和で民主的な国家及び社会の形成者として必要な資質を備えた心身ともに健康な国民の育成を期して行われなければならない」と謳われている。「心身の健康な」子どもに育つことが基礎・基本になり、その上に対人関係や集団生活、社会生活を通して人格が形成される。心身の健康には、保護者に愛され、安心して安全に暮らせることが必要不可欠である。

しかしながら、昨今は子どもの心とからだの健康を保ち増進することが難しくなっている。例えば、子どもの貧困、ヤングケアラー、子どもへの虐待、教育格差などにみられる子どもにかかるストレスは計り知れない。学校教育が修了する時期には「平和で民主的な国家及び社会の形成者」になることが求められるわけで、今度は経済的にも社会的にも子どもを支える側になり、それは一生続く。このように考えれば、障がいのあるなしにかかわらず子ども時代は安心して楽しく豊かに過ごすことができる社会が成熟した社会といえる。学校教育においては、子どもを主人公とした学級経営、学校経営を追求し、〝学校は子どものためにある〟ことを自覚したいものである。

第二章

私立特別支援学校の取り組み

私立特別支援学校の存在

国立、公立、私立の学校教育の体系のなかで（最近はＮＰＯ法人や株式会社もある）、私立の特別支援学校の学校数は二〇二一年四月に支援学校仙台みらい高等学園が開校して計一六校とわずかである。それだけに保護者や教育関係者にもあまり知られていない。加えて私学は授業料がかかるという制約があり、就学にあたっては、ほとんどが公立特別支援学校を紹介され、学校選択の優先順位は低くなる現状がある。

私立特別支援学校連合会（私特連）に加盟している特別支援学校は二〇二四年四月に聖母の家学園いなべ校が開校して一五校になった。

各校それぞれに「建学の精神」があり、その精神に基づいて学校を運営している。これまでに私立特別支援学校が時代の流れに対応しきれなくなり、私立の看板を下ろし公立学校へ移管したり、閉校に至った特別支援学校もある。長崎県にあったみさかえ養護学校は一九九八年（平成一〇）三月、京都府にあった聖マリア養護学校は二〇〇四年（平成一六）三月、北海道にあったゆうあい養護学校高等部は二〇〇九年（平成二一）、埼玉県にあった熊谷盲学校（のち、熊谷理療技術高等盲学校）は二〇一五年（平成二七）三月にそれぞれ役目を終えて閉校した。

以下、私特連に加盟する特別支援学校を紹介するが、東京都にある私立については、旭出学園を除く三校を紹介する。

日本体育大学附属高等支援学校

（教頭　長澤知博）

■本校の概要

本校は、東京都世田谷区に本部を置く学校法人日本体育大学が、私立大学の附属学校としては全国で初めて、二〇一七年（平成二九）四月、北海道網走市に開校した、知的障がいのある男子生徒を対象とした高等支援学校です。一学年定員四〇名の全寮制（一部通学）、生徒は全国から募集しており、現在は三学年（六期生）二四名、二学年（七期生）二四名、一学年（八期生）二九名が在籍しています（二〇二四年度は、北海道内五八名、道外一九名在籍）。

■本校の教育

学校法人日本体育大学の建学の理念である「體育富強之基」に則り、体育を基として徳育・

知育を育み、健康を増進し、社会に貢献する生徒を育成することを旨として、日々の教育に励んでいます。

自然に恵まれた地の利を活用して心躍る体験を作り出し、豊かな人間性を育む教育を実践するために、「スポーツ教育」「労作教育」「情操教育」の三つを本校教育の柱としています。学びの場を校外にも広げ、オホーツクの地域全体を学びのフィールドと捉え、地域の人々との交流の機会も多く設けています。

①スポーツ教育　保健体育の授業に加え、自立活動として集団行動を取り入れて協調共同の精神を育みながら、生徒の能力に応じた課題を設定して心身の育成に努めています。また、個人競技を軸として部活動を展開し、高等学校体育連盟に登録して各大会に出場、上位進出を目指しています。昨年度は柔道部が全日本ID大会（東京）、陸上部が全国障害者スポーツ大会（鹿児島）にそれぞれ出場、個人ではVIRTUS世界スキー選手権大会で連覇するなど活躍しました。

②労作教育　作業学習では社会的自立をめざし、進路を見据えて、農業、ビルメンテナンス、木工、調理、食品加工などの学習をおこない、地域の人的・物的教育力を活用して、物づくりや働く楽しさを体験的に学習しています。特に農業では「ワインプロジェクト」（二〇歳を迎える卒業生にワインを届ける取り組み）や「空飛ぶサニーショコラプロジェクト」（朝もぎ

トウモロコシを空輸し関東圏で販売するプロジェクト）に向けてブドウ、トウモロコシの栽培、地域や企業との連携に力を入れています。また、校外体験実習もおこなっています。

③情操教育　芸術（音楽・美術）における楽器演奏や唱歌、絵画や陶芸などの創作活動、体育におけるダンス、オホーツクの自然を生かした体験学習など、教育のあらゆる機会を通じて豊かな心を育んでいます。昨年度は網走市の市議会開催期間に休憩時間を利用したトーンチャイムの演奏会を実施し、好評を得ることができました。

④職場体験実習　生徒一人ひとりの特性や進路に合わせて職場体験実習（一年生～一週間程度、二年生～二週間程度、三年生～三週間程度）をおこない、実施に当たっては地域の理解と協力を得て、幅広い分野でおこなっています。

■本校の施設・設備

スポーツ教育の充実を図るためには、施設・設備を充実させて環境を整えることが大切です。そのために本校では、体育館を二棟設置して体育活動の場を広げるとともに、冬季の走路確保のために、屋内走路を完備しました。

第一体育館：主に集団的球技のバスケットボールやバレーボールをおこなっています。他に式典、集会等に使用しています。

第二体育館：各種トレーニング機器、柔道畳を設置し、武道の授業、体力トレーニング、卓球、ダンスなどに使用しています。

グラウンド：約五〇〇〇㎡の広さを誇り、春から秋にかけてサッカーやソフトボールなどで使用しています。また、高鉄棒、走り幅跳びのピットも備えています。

NARS（屋内走路・直線一五〇m）：国内でも珍しい直線一五〇m四レーンの屋内走路で、施設名のNARSはNittaidai Abashiri Running Stadiumの頭文字をとったものです。冬季は雪でグラウンドが使用できないため、走り込みに大変有効な施設として網走市と連携し、近隣の小中高生も活用しています。

■**寄宿舎（雄渾舎）の生活**

寄宿舎においては、集団生活を通して正しい生活リズムや決まりやルールを守ること、炊事以外の身の回りのことを自身でおこなうなかで自主自立に向けた第一歩を踏み出しています。また、寝食を共にすることでお互いの絆を深め、助け合い支え合う精神が養われています。将来的に、寄宿舎で同時期を過ごした仲間と連絡を取り合い、学校の教育活動や寄宿舎での生活を基に、各々が「地域で自立して生きる」ことを目指しています。

■まとめ

本校は開校八年目を迎えましたが、まだまだ入学定員に届いていない状況にあります。その背景には、「スポーツに優れていないから……」「体育が苦手だから……」などの理由や親元を離れての生活に不安があることなどで本校への進学を断念している生徒さんも多いのではないかと推察しているところです。スポーツ・体育が苦手でも、本校での学びを通じてスポーツの楽しさを体感し、運動が好きになり、運動が上手になり、生涯をとおしてスポーツに親しみ、社会で活躍する生徒を育成してまいります。

学校法人カナン学園　三愛学舎《さんあいがくしゃ》

（理事長・校長　澤谷常清）

■開校

一九七八年（昭和五三）四月、岩手県北、標高五〇〇m程の高原地に開校しました。

当時、就学猶予・免除の制度があり、障がいの重い子どもたちの多くが教育の場から退けられていました。岩手県でも同じようでした。

社会の片隅に置き去りにされていた子どもたちの幸せをねがい、「この子らを世の光に」（糸賀一雄）を掲げ、学校法人カナン学園三愛学舎がつくられたのです。ちょうど、一九七九年の「養護学校義務制」実施の一年前のことでした。

■建学の精神

「人間の価値は、神に作られた人間として生まれたこのことにある」というキリスト教の精神を基盤に「全ての人が互いに生き方を尊重し、助け合って生きていく社会の実現をめざそう」と、「神を愛し、人を愛し、土を愛する」の「三愛」を掲げ、建学の精神としました。

■三愛学舎教育の特色——青年期教育の実践

三愛学舎は、知的障がい等を有する高等部単置の特別支援学校です。本科三年と専攻科二年の計五年間を、一五歳から二〇歳までの青年たちが学んでいます。

知的障がいのある彼らは、急激な心身の発達にうまくついていくことが難しく、また理解力の乏しさから自分の内面をうまく表現することや、感情をコントロールすることに戸惑うことが多いのです。

青年期は自我の連続性を失い、社会的役割も定まらず、自分自身を見失うことがあります。

このなかで、失敗や成功を繰り返し、右往左往しながら大人への道を模索していくのです。この時期の過ごし方が、その後の人生に大きく影響します。

本科の特色は、カリキュラムに「生活」を設けることで、生きていく上で最も大切な「食」の問題を考えながら、毎日の昼食を自分たちで作って食べています。そのなかで、「数」や「文字」「ことば」の力をいかし、実生活の場で使えるようになるのです。

専攻科の特色は、カリキュラムのなかに多くの作業学習を設けていることです。しかし、職業技術を高めるための学習や、就労だけをめざしている学習ではありません。青年期教育で大事なことは人格形成です。

専攻科の目的は「……精深な程度において、特別の事項を教授し、その研究を指導する……」（学校教育法第一一九条第二項）とあります。「人間」について詳しく、深く研究するのです。

人格形成の一つに「自分くずし」から新たな「自分づくり」があります。生徒一人ひとりの内面の成長を図ることです。そのために教育的に〝仕掛け〟を用意することです。創意工夫し、積極的に学習に臨んでいけるように仕掛けるのです。

様々な体験場面を用意します。そこで気づいたことや、他者と共感すること、創意工夫を実際の生活にフィードバックすることです。そして、仲間と学びの場を共有することの心地よさを確認することです。実体験をとおして自立心と自律力を高めていきます。

専攻科では力リキュラムに「ゼミ」（演習）を設け、対話をとおして、コミュニケーションの力をつけることを意識しています。

三愛学舎での対話は、デンマークのN・F・S・グルントヴィの「対話による相互作用」から学び、青年たちが自由に話し合い、互いに働きかけ、影響を及ぼし合いながら自己理解、他者理解力を育み、自己肯定感を高めることをねらいにしています。

他者との対話を通してお互いを理解し合い、自らを振り返りながら思考を成熟させていくのです。仲間との対話をとおしてコミュニケーションを取り合いながら「自分づくり」をおこないます。

■今後の課題

私たちは世の中の激しい動きに心を奪われがちです。世の中が激しく動いている時にこそ「我」にかえって、今までの自分を振り返り、新たな自分を発見し、「人間力」を高めることに努めなければなりません。

①食の問題　持続可能な社会の構築の土台に「食」があることを意識しながら、食をとおして、植物の成長と「土」の管理、そして自然、動物との共存の問題、世界の食糧問題、戦争と平和、

環境問題等にどのように迫っていくか考えます。

②「**タッチ登校**」**や不登校の問題**　全国で三〇万人もの不登校の児童生徒がいるという報道がありました。楽しく安心して学べる〝学校〟をどのように設定していくか考えなければなりません。

③**障がい者の生涯学習の問題**　「障がい者の生涯学習」のねらいは、障がい者の「学び」を生涯にわたって保障しようということです。「いつでも」「どこでも」学ぶことができるように保障することが大事です。豊かな「学び」は「生活」を豊かにし、効力感のある「仕事」にも繋がります。

「学び」と「生活」と「労働」は、三位一体のものです。

学校法人明和学園　いずみ高等支援学校

（理事長　遠藤正敬）

■創立と建学の心

一九五八年（昭和三三）、当時の精神薄弱（現・知的障害）女子の父母からの切なる願いにより、創立者田山彦六・仁子夫妻経営の学校法人明和学園明和女学院内に洋裁・手芸を主とする職業補導の場として「いづみ学園」が誕生する。六二年（昭和三七）二月に宮城県知事より、学校法人明和学園いずみ養護学校として正式認可を受け、高等部（女子のみ・寄宿舎付設）単置で四月より開校する。二〇〇七年（平成一九）四月より、学校教育法の一部改正により、特別支援学校となり、一二年（平成二四）四月より「いずみ高等支援学校」に改称。

「建学の心」は、「湧く水は少なくとも、尽きることなく、絶えず清く湧きいでるいずみのように、障害児への愛を注ごう（愛の精神）」。

■本校の特色

全国唯一の女子のみの私立特別支援学校で、高等部本科三年課程と専攻科二年課程を設置している。学科は普通科であり、教育課程は、家庭科を中心とした領域・教科を合わせた指導のほか、教科別の指導をおこない、「学習即生活・生活即学習」を実践している。また、広域入学を受け入れ可能とし、寮を付置し、学校・寮連携の二四時間体制のもと、集団生活を通し自立心と生活力をより高める指導をおこなっている。

■学校教育目標

㈠　社会の変化に対応した逞しく生きる人づくりを目指し、一人一人の生きる力を育て、家庭生活及び社会生活に必要な基礎的・基本的な知識・技術の習得を目指す。

(二) 青年期の女子生徒として調和のとれた心の育てを大切にし、将来、社会の一員としての充実した生活が送れるよう心身ともに健康で豊かな人間の育成を目指す。

「目指す生徒像（五実求像）は、『逞しさ・優しさ・明るさ・清らかさ・働く意欲』」。

■学校経営方針

(一) 私学における「五柱一体」（創立者・建学の精神・特色・校名・伝統と歴史）を使命の一つとし、「五実求像」を掲げ、「三ほう」（縫製・包丁・箒）の基本技術を身に付け、「三しょう」（承認・賞讃・奨励）し、「三しん」（花に親しみ・緑に親しみ・土に親しむ）の場と機会を取り入れ、「三たい」（体力・心理的耐忍性・対人関係）の心豊かな人づくりと「役立ちの心」の育てを共通の理解・行動・歩調のもと推進する。

(二) 生徒の的確な実態把握により特性を理解し、その可能性を信じ、個々の能力と適性に応じた計画的指導の実践研究を重ねる。

(三) 教職員は、生徒の幸せを願い、和と信頼によって結ばれ、特技を生かした創意工夫による教育活動が組織的、有機的におこなわれるように努める。

(四) 校内研修・現職教育を充実し、教職員の資質の向上、指導法の改善に努める。

(五) 生徒が落ち着いて学習に取り組めるよう、花と緑に囲まれた、豊かで、安全・安心なやすらぎのある学習環境づくりを目指す。

(六) 学校・寮連携により、健全な寮付設の実を挙げる。

各年度において、重点目標を設定し、教育課程、進路指導、組織運営、職員研修、安全・安心の確保、学校環境づくり、施設・設備の充実、学寮連携に努める。

■生徒の実態

二〇二四年(令和六)五月一日現在における生徒数は、本科六二名・専攻科二四名で合計八六名(通学生五七名・寮生二九名)、出身地別は、県内七八名(内仙台市四七名)・県外八名である。

■教育課程の編成

学校教育目標及び学校経営目標に基づき、生徒の実態及び発達段階に即し、将来の社会自立・豊かな生活に必要な力の育成を視点に教育課程を編成している。また、本科専攻科において独自性を持たせながらも、教育目標に基づく一貫性のある発展的な教育課程の編成に努めている(本科修業年限三年・専攻科修業年限二年)。

■進路

(一)　進路指導の方針については、生徒及び保護者の希望を尊重しながら、生徒自身が本科卒業後・専攻科修了後の生活を考え、意欲を持って目標に向かえるよう支援する。また、実態調査、現場実習の評価等の教育的資料を生かし、自分の進路を適切に選択できるように、個に応じた支援をしていく。

①　個々の能力や特性を的確に把握し、身辺自立、家庭生活、職業生活に必要な知識や技術、態度を身につける。

②　学校、家庭、関係諸機関との連携を図り、常に進路先開拓を心掛け、適切な進路につながるように努める。

③　就労先は、原則として出身地（親元）とし、家庭から通勤できる範囲に求める。

④　アフターケアも大切で、県内外等広域であるが、可能な限り支援指導をする。

(二)　進路の状況（最近五ヵ年）

①　本科については、約半数が専攻科進学で、一般就労は食品製造業・飲食業・福祉施設・福祉型就労ほか家業などがある。

②　専攻科については、食品製造業・飲食業・清掃業・福祉的就労と多岐にわたる。なお、

定着率は良い状況にある。

■寄宿舎（明和寮）

学校付設の寄宿舎で「明和寮」と称し、学校創立当初から運営し、自立と生活力を養う貴重な役割を担っている。学校まで徒歩一五分程度で自然に恵まれた環境にある。

本校は二〇二四年時点で創立六二周年を迎えた。近年は周辺に新設校も増え、生徒数の減少が厳しい実態ではあるが、私学の利点を生かし奮闘している。

学校法人大出学園　支援学校　若葉高等学園

（研究部主任教諭　和崎光太郎）

■概要と沿革

本校は、一九九四年（平成六）四月に、本科三年・専攻科二年の高等部単独校である若葉養護学校として開校しました。その起点は、開校からさかのぼること一〇年、全国各地で知的障がいのある子にも高等部という学びの場が設置され始めた時期にあります。

一九八四年（昭和五九）頃に、障がい者更生援護施設長であった阿久澤質郎が群馬県に公立養護学校高等部の設置要望を出すもかなわず、自ら私立学校設置に動き始めました。当時は、知的障がいのある子が学ぶ県立学校が一校のみで、学びを求める生徒の誰もが高等部へ進学できるわけではなく、進学を希望してもその希望が絶たれてしまうことが多々あるという状況でした。

学校法人認可に向けて、まず実績づくりを優先し、戦前・戦後の知的障がい児教育の先駆者たちがそうであったように、教育者自らの手による「開墾」が始まりました。一九八六年（昭和六一）四月、病で他界した阿久澤の孫である大出浩司（現・校長）らが、自ら「開墾」して切り開いた土地に養護教育塾・杜の子ファームを開設します。杜の子ファームは、知的障がい者施設の先駆である東の滝乃川学園、西の白川学園、戦後の近江学園のいずれもが学園（school and home）であったのと同様に、実態としては私塾の教育施設でした。その寝食を共にする生活教育の精神は、後期中等教育の学校として開校した本校の学校教育目標に生きており、その精神は二〇一一年（平成二三）四月に特別支援学校若葉高等学園と校名を変更してからも変わりません。のちに校名から「特別」を取り、現在の校名である支援学校若葉高等学園と改称したのは、すべての子にその子に応じた支援は必要であり、特別かどうかの区別はないという理念によります。

■教育目標

この理念に基づいた本校の学校教育目標は以下のとおりです。

「恵まれた自然環境の中で、生徒一人一人の能力や特性を考慮し、社会自立並びに社会への参加を目指して、心身共にたくましく健全な人間を育成する」

この学校教育目標の底流にあるのが、生徒一人ひとりが主体であり、将来的に社会のなかでの主体として、社会に参画してほしいという希望です。例えば、「恵まれた自然の中で」ではなく「恵まれた自然環境の中で」となっているのは、生徒との関係のなかで赤城南麓の豊かな自然がとらえられているからです（主体に影響を及ぼす周辺というのが「環境」概念の意味するところです）。

学校教育目標は、さらに五つの具体的目標として下記のように具体化されています。

一（明　　朗）明るくはきはきと行動する生徒
二（自立〈律〉）自分のことは自分でできる生徒
三（思いやり）周りの人と仲良くできる生徒
四（健　　康）身体のじょうぶな生徒
五（勤　　労）骨身を惜しまず働く生徒

これら五つの学校教育目標の最たる特徴は、すべて最後の「生徒」を「大人」に変え、さらに「社会人」に変えても通じるところにあります。

■特色

本校の教育は多岐にわたりますが、本稿では、なかでも本校最大の特徴である「作業学習中心の実践カリキュラム」を紹介します。ここにいう「作業学習」とは「職業訓練」ではなく、「作業を通した学習」であり、職業訓練は「職業のための訓練」という大きな違いがあり、本校は「作業学習」で、目的は職業スキルの向上ではなく、あくまで先に述べた五つの学校教育目標をめざすことにあります。作業学習は三つのコースからの選択制です。生徒の「やりたい」という思いを最優先し、四月の体験期間を経て、五月に生徒が臨むその年度の所属コースを最終決定します。各コースの概要は以下の通りです。

食品製造コース　日常生活や家庭生活における、基本的な生活習慣である調理を中心に取り組んでいます。食材の栽培から、製造、最後の封詰めまでを担っています。

染織デザインコース　群馬県の地場産業である染物と織物に取り組んでいます。近年では、つまみ細工やビーズアクセサリー制作にも力を入れています。

農園芸コース

赤城山麓の立地を活かし、四季折々の花の栽培と農作物の栽培をおこなっており、夏の暑さや冬の寒さの中でも屋外に出て、皆で協力し、力一杯活動しています。

このように実践につながる作業学習は、いわゆる領域的・合科的なカリキュラムに基づいています。系統的な教科学習では得られにくい、学校だけではなく社会からの評価を取り込んだカリキュラムおよび学習環境の構成により、生産性・品質や自己理解、チームワークなどを追求するなかで学びが育まれています。

ここにいう「社会からの評価」は、社会の縮図として作業学習の環境を構成していることに加えて、学習を学校内だけで完結させずイベントや販売会などに積極的に参加する意味も含まれています。なかでも、年三回、大手ショッピングセンターの一部をお借りして開催される「わかば生き生きフェア」は、各コースで製造した商品を生徒が販売する一大イベントです。生徒は店頭に立つだけではなく、レジ打ちや包装、チラシ作成や案内の配布、会場設営、掲示物の作成などに取り組み、社会人としての実践的な学習をおこなっています。

これらの学習は、最終的に、先に掲げた学校教育目標および五つの具体的目標に回帰します。私学であることを活かした、最大限に立地、地場産業、地域に根差した教育に取り組んで、二〇二四年度（令和六）に創立三〇周年を迎えます。

学校法人愛育学園　愛育学園（特別支援学校）

（校長　大羽太郎）

■愛育学園の沿革

愛育学園は、幼稚部・小学部から成り立っています。発足は、一九三四年（昭和九）に設立された恩賜財団母子愛育会（現総裁・秋篠宮妃殿下紀子様）が日本で唯一母子のための施設として誕生した後に知的障がいのある子どもの保育を始めたことに遡ります。そこでは、一九三八（昭和一三）より三木安正が担当のもと吉森、植田らによって保育の実践が開始されました。三木は、のちに旭出学園の創設にも尽力することになります。戦時中は保育を中断したものの、牛島義友教養部長のもと津守眞が一九四九年（昭和二四）に保育を再開しました。のちに津守は、家庭指導グループと命名し当時の療育の先駆けとして保育の実践に当たりました。一方、一九五五年（昭和三〇）六月一四日に知的障がいの子どもたちのための学校として愛育養護学校が設立されました。その後養護学校義務化の流れのなかで一九七六年（昭和五一）には児童が大幅に減少したのを機に、翌年からは津守や家庭指導グループ職員が養護学校を兼務する形で再建していくこととなりました。児童数は一〇名から三〇名程へと回復したものの長年にわたる社会福祉法人での養護学校としての運営を見直し、一九九九年（平成一一）に学校法人愛育学園愛育養護学校として歩み始め、二〇一九年（令和元）に学校法人愛育学園愛育学園と名称を改め現在に至ります。今もなお恩賜財団母子愛育会とは密接な連携・相互支援体制を維持しており、元来の母子のための施設としての精神を今も受け継いでいます。また、学園として長年受け継ぎこれからも大切にしていく精神は、「一人ひとりの子どもが自分らしさを追求し、自らの人生を堂々と生き抜いていくこと」です。

■学園の特色

教育課程（自由活動と課題活動）　子ども自身が自ら主体的にカリキュラムをつくる過程において、他者との相互的なかかわりから得られるものを適切に取り入れつつ新たなカリキュラムを作成していくことになります。教員（保育スタッフ）は、子ども一人ひとりのカリキュラムを適切に把握し、必要に応じて適度な関与を形成していきます。

大事にしていること　子ども自身が、自分のペースを知り、他者との出会いを通して自分の存在に対し自信を深めていくことを大事にするために子どもから出た表現を丁寧に受け取り、子ども自身の豊かな成長へと繋がるようやりとりを重ねていくことを重要視しています。

遊び（基本的生活体験）と芸術　子どもたち一人ひとりの自我の発達と人間形成には、自分の存在を自他ともに認めていくことがとても重要なので、子どもたちが学び育つ積極的な活動土壌として遊びを重要視しています。遊びには基本と基礎と応用が常にあり、そこで学び取っていくものは、人間関係をはじめとした環境によってもたらされます。子どもにとっての成長に欠かせない新たな学びが遊びにはあります。遊びのなかでは、自ら学び取っていくことで自分のスタイルが形成され、その過程で自分と向き合いかつ他者と出会うことを自ら学んでいくこととなります。遊びから始まる子どもが学ぼうとするベクトルは、多岐にわたるので、保育する側は子どもの行為をよく観察し応答しながら行為の持つ意味を深く洞察することとなります。そこには、人間関係、情緒、表現などのさまざまな要素があり、それらが同時進行で子ども一人ひとりの育ちに対しそれぞれの保育者の捉えや在り方を通して出会っていくことが求められます。

芸術は遊びと関連しているものの、子ども一人ひとりのオリジナリティー（独創性）とクリエイティビティー（創造性）を特に大切に取り上げられるものとして位置付けています。

愛育学園では、アートティーチャーと命名した造形、音楽、書道、ダンス、写真映像、さをり織りなどの専門家に力を借りて、日常では表面化しづらい子どもの側面や内面に光を当てる貴重なアートの日があります。それぞれのアートティーチャーが月に一回ずつ来園する日があるので子どもたちは、一週間に一回は何らかの芸術活動をしています。

子どもの成長を保育する　子どものやり始めから途中での躓きを経て取りまとめて片を付ける（終わりにする）一連の成長行動のなかで、自我を発揮し自らをより良いものへと創りかえていこうとする過程を保育していきます。

保育という考え方　教育や療育を踏まえた上で、子どもが主体としてどのように育ちゆくかを最大限発揮できるようにするため、日常の学園生活のなかで対等感のある相互性を特に重要視しているのが保育といえます。

ミーティングの重要性と課題　子どもたち一人ひとりが作成した一日のカリキュラムについて、それぞれの保育スタッフが様々な角度から意見や感想を述べあうことで協議し、子どもの一日の成長の実像に迫っていきます。

限られた時間（一時間）のなかで実像に迫りきることは容易でなく、話すことや書くことで重要点（見逃してはいけない本質）を絞り出すことに限界を感じることもあります。各クラスの工夫や研鑽を共有し合いながらより良いものへと向かおうとする個々の努力が存在し、現在もそこでの深め方を模索しています。

■**学園としての今後の課題**

現代の風潮として、教員の資質向上が求められていますが、実は若年層に対して求められるべきではなくむしろ管理職や経験年数の多い者たちが資質向上すべきなのだと考えます。人と共に育つという複雑なことに一人だけで立ち向かうことは困難を極めます。そのため、学園としての特色を踏まえ様々な経験からなる自身の言葉や在り方を通して現場の魅力をきちんと伝えることができる先輩としての資質は、とても重要だと考えられます。そしてお互いに影響を及ぼし合いつつ、各々が現場の最前線で奮闘し中心的存在になっている意味を自覚し、子どもと共に育つ意義を子どもたちと保護者、スタッフ（教員、事務、学生、ボランティア）全員で構築していくのだと思います。

学校法人日本聾話学校　日本聾話学校

（校長　鈴木実）

日本聾話学校は聴覚障がい児が自分の耳で聴いて話す学校です。

「今日はね、野球をやるの。大谷選手のグローブでね」「はやく休み時間にならないかな」毎朝、そんな子どもたちの話し声がそれぞれの教室から聞こえてきて、学校中が明るく伸びやかな雰囲気に包まれています。ほとんどの子が最重度の聴覚障がいと診断されている子どもたちなのですが、どの子も音のある世界をあたりまえのように過ごし、自分の耳で聴き、自分の声で話し、そして、みんな歌が大好きで、学校生活が子どもたちの歌声にあふれているのです。日本聾話学校は〇歳の赤ちゃんから一五歳の中学三年生までの聴覚障がい児への教育をおこなっていますが、日本で唯一、手話を用いず、キリスト教精神に基づいた聴覚主導（Natural Auditory Oral Approach）による人間教育に取り組んでいる学校です。

■創立の由来

学校の創立は一九二〇年（大正九）四月二八日で、元駐日大使エドウィン・ライシャワの両親でキリスト教伝道のために一九〇五年に来日していた宣教師のライシャワ夫妻と、同じくキリスト教幼児教育のために来日していた宣教師クレーマによって、東京牛込にあった福音教会で創設されました。現在は東京都町田市に学校があり、二〇二四年で創立一〇四年目を迎えています。

学校のできた由来は、ライシャワ夫妻が東京在任中に生後二ヵ月の娘フェリシアが高熱により聴力を失うという悲しい出来事がきっかけで、当時の米国での口話教育を受けて成長した娘をみた夫妻が、日本の聴覚障がい児とその家族のための学校を創るのが自分たちの使命と、キリスト教信仰による祈りを通して導かれたことによります。

■教育への願い――可能性は空の極みまで

キリスト教伝道のために創られた学校ではありませんが、教育の土台はキリスト教精神にあって、一人ひとりを大切に愛すること、そして、子どもそれぞれに神が備えてくださっている内なる力を子ども自らが最大限に伸ばして成長していくよう寄り添い導くことを大切にしています。子どもたちはどの子も聴覚に障がいはありますが、全く聞こえないというわけではなく、それぞれに残されている聴力があり、その力を最大限に伸ばせるよう精いっぱいにできる配慮をしていくことが大切で、子どもに与えられているその他の能力も同様に教師や親が限界を決めてあきらめてしまったらそこまでなのです。「可能性は空の極みまで」と子どもの成長への願いを祈りにかえて、子どもの力を信じて待つことを大切にして日々の教育に取り組んでいます。

■教育の特色──赤ちゃんのときから音の世界をとどけること

日本聾話学校の子どもたちは、聴くことや発音などの訓練はいっさいおこなっていません。どの子も自分から聴きたくて聴き、話したくて話し、歌いたくて歌を楽しむように成長しているのです。決して特別なことをしているわけではありません。赤ちゃんのときから入学して、人が人としてしっかり育つための丁寧な子育てのなかで大きくなってきたのです。つまり、最早期の段階が極めて重要で、赤ちゃんからのスタートがとても大切なのです。

赤ちゃんは自分では何もできません。親との愛着をたくさん重ねるなかで、心にある想いや願いを聴いてもらって気持ちが満たされる経験をたくさんします。そのなかで、愛情を注いでくれる親を一心に求めて日々を重ねていきます。その関係が培われることでコミュニケーションを生み、自分でことばを獲得していく力を育んでいくのです。つまり、音の世界の扉を自分で開けて生活を始めるのです。このときとても重要なのが、子どもたちの聴覚管理です。出会う音や言葉が、音の意味や言葉がことばとして届く補聴機器の調整が必要となります。これには極めて高い専門性が求められますが、日本聾話学校には経験豊かな専門スタッフとこのために必要な充実した設備が整えられていて、脳に可塑性がある赤ちゃんのときから音や言葉を届けることで、子どもたちはまるで聞こえの限界が逃げていくかのように感じるほどに耳が開かれて育っていくのです。

■教育の成果と課題――大きな喜びと苦しい経営状況

新生児聴覚スクリーニングの実施による最早期教育の実現と補聴機器の飛躍的な発達により、重度の聴覚障害であっても聴くことができることを前提に教育を進めることができるようになりました。そのおかげで多くの生徒が中学卒業時には一般の高校に進学するようになり、教育の成果から耳の開かれ方もはやくなり、小学校就学時や義務教育修了前の段階からたくさんの子どもたちが地域の小中学校で過ごすようになっています。とても嬉しいことなのですが、そのなかで二つの課題が与えられています。一つ目は、手話ありきという考えが一般的なためか、この聴覚主導の教育がなかなか知られていないことです。二つ目は教育成果による普通小中学校への児童生徒の転校により、私立学校としての経営が成り立たなくなってきているということです。日本で唯一つの教育がなくなってしまう心配があるのです。これから生まれてくる聴覚を活かす教育が必要な子どもたちのために、日本聾話学校がその使命を果たし続けることができるよう祈るばかりです。本書を通じてこの教育が多くの方々に届き、広がることを期待しています。

（前校長　椚陽子）

学校法人明晴学園　明晴学園

■明晴学園の沿革

明晴学園は二〇〇八年（平成二〇）四月に東京都品川区に設立された私立のろう学校です。幼稚部から中学部の教育、〇～二歳のろう・難聴の赤ちゃんを対象とした早期支援プログラムがあります。日本手話で学べる場を求めて、ろう者やろう児の保護者などの当事者が中心になってフリースクールやろう児の人権申し立てなどをおこない、東京都構造改革特区の認定を受けて設立されました。当事者が中心になって活動するという考え方は、今でも学校運営におけるろう者の関与、子どもたちが主体となった授業や学校教育など、大切に引き継がれています。

■聞こえないことを生かす教育

明晴学園では、聞こえないことを欠陥として捉えるのではなく、自分の特性として生かす視点から教育をおこなっています。生まれたときから聞こえない赤ちゃんは自然に周囲の視覚情報を取り込み、考え、行動する能力が備わっています。そのため、生後まもない乳児期から中学部まで、一〇〇％理解できる視覚情報や視覚言語である日本手話の環境を提供しています。

日本手話は聴力に関係なく自然に獲得できる言語であり、様々な概念や理解、子ども同士の話し合いや学び合いを十分に深められます。また、日本語の習得状況に影響されず、日本手話によって学年相応の教科指導、日本語や英語などの第二言語の習得を保障することができます。

■日本手話を母語とする言語的少数者としての教育――バイリンガル・バイカルチュラルろう教育

明晴学園では、聴覚障がい者としてではなく、日本手話を母語とする言語的少数者として、自信をもって社会を生きることを目指すカリキュラムを提供しています。一般の幼稚園や学校の教育内容に加えて「手話」と「日本語」という領域・教科を設置し、日本手話と書記日本語、ろう文化と聴文化のバイリンガル・バイカルチュラルろう教育をおこなっています。第一言語としての日本手話の力を育てながら、第二言語として日本語の読み書きの習得を図り、日本手話と日本語のバイリンガルに成長することを目指しています。

特に「手話」は日本手話の理解や表現、文法だけでなく、ろう者の歴史やできごとも学び、ろう者としての生き方や聴者との共生について考えるという、非常に大切な役割を持っています。卒業生の多くは「手話」を学んでよかったと述べており、スポーツ、芸術、メディア、ITなどの様々な場で、日本手話を母語とする言語的少数者として社会に貢献できる人材として育っています。

■今後の課題

その一方で、聞こえないことがわかると、人工内耳の装用と言語聴覚士による療育が推奨され、ろう学校に通わずに一般の保育園や学校に通う子どもが増えています。人工内耳によって明瞭に話すことができても、聞こえる子どもと同様の聞こえや会話ができるとは限らず、概念や学習、さらに精神的、社会的発達に影響をもたらすことがあります。聞こえないことがわかったら、人工内耳だけでなく、日本手話やろうについて公平に情報提供してもらったり、日本手話や聞こえない仲間に出会ったりすることができるような体制構築が求められます。

＊詳しくは、『知る・学ぶ・教える日本手話――明晴学園メソッド』（学事出版、二〇二三年）参照。

学校法人聖坂学院　聖坂支援学校

（校長　佐野明紀）

■聖坂支援学校の沿革

聖坂支援学校は、知的に障がいがある子どもを対象に小学部から高等部専攻科まで一貫して教育する学校です。

創立者の伊藤伝は、私立東京水上学校の中心的な教師であり、その学校が公立に移管されることを契機に退職し、戦前・戦後にかけて横浜港に停泊していた艀《はしけ》で生活し教育を受けられない環境の子どもたちのために私財を投じて、一九四二年七月、横浜市山下町に日本水上学校を設立しました。六七年（昭和四二年）三月、水上生活者の激減に伴い、日本水上学校は発展的に閉校し、キリスト教の理念を引き継ぎ、当時の公教育の谷間にあった知的障がいがある子どもたちのために同年四月、聖坂養護学校小学部を開校しました。一九七九年四月に中学部、八二年四月に高等部、八五年四月には高等部専攻科を開校しました。二〇二三年からは校名を聖坂支援学校として特別支援教育を実践しています。

一方で、卒業後の進路先にも、聖坂と同じような働く場が欲しいという保護者の願いから、学校職員と保護者による任意団体「聖坂子どもたちの将来をつくる会」を結成して、施設づくり運動を開始し、一九八九年に社会福祉法人聖坂学園を設立。通所施設・入所施設、グループホームを開設しました。その後、つくる会は、施設職員と保護者により「グループホームをつくる会」と改称して、子どもたちの生活と幸福を支えるために活動をしています。

■聖坂教育の理念

(一)　本校はイエス・キリストの説かれる愛の教えを、揺るぎない最高の規範として教育することを基本理念とします。

(二)　イエス・キリストは人の尽くすべき最高の規範は、「心を尽くし、精神を尽くし、力を尽くして主なる神を愛し、隣人を自分のように愛すること」と説かれました。
したがって本校教師は毎朝礼拝を守り、神の前に自己を小さくして謙虚な姿勢を保ちつつ愛する行為として教育に当たります。

㈢ イエス・キリストは、とりわけ苦しみのなかにある人、病気や障がいのある人、貧しい人や社会的に差別されている人へ手を差し伸べられつつ宣教されました。本校は、それに倣う一人の小さき者として、使命感をもって教育に当たります。

㈣ 本校は、すべて人の命は神から与えられた尊厳の存在であるという認識により、児童・生徒個々人の主体性を重んじながら教育に当たります。先ずは個々人の障がい特性を的確に把握すると共に全面的に受容し、十分に配慮しながら育むように努めます。

㈤ 教師集団は相互依存の人格共同体として、児童・生徒たちへ優しさ明るさに満ちた良き人間的環境となるように心がけます。

㈥ 本校教育は知識・技能の指導だけでなく、障がい特性に応じながらも意欲的に生活できる人格を育むことを目的とします。そのために教室での勉強だけでなく経験的な行事や計画を豊かに実践し、より人間力を育むように努めます。

㈦ 本校はキリスト教精神を理念としながらも教条主義に陥ることなく、人の多様性を神から与えられた豊かさと考え、宗教の枠を超えて支え合いたいと願っています。

■聖坂教育の特長

①開放的な教室空間での教育　管理強制的・閉鎖的教育を避けるため、学習基本空間である教室を開放的に構造化しています。強制されてそこに居るのではなく、教室を自ら自分の場所として自ら学ぶ心の教育を大切にしています。

②トータルコミュニケーション理念による教育　知的に障がいのある人のためにつくられたマカトン法をはじめ、本人にあったさまざまな有効なサインを多様に用いて、考えや思いを豊かに表現できるように心がけています。

③総合的人間力を育てる教育　自然に豊かに触れるためのキャンプ・遠足・旅行。本物を味わうための美術鑑賞・音楽鑑賞・人形劇鑑賞。集団活動を通して自分を表現する運動会、クリスマス会、学習発表会など、人間力を総合的に育む行事を豊かにおこなっています。また、寮生活支援をおこない総合的な生活力を実践的に養っています。

④仲間と共に育ち合う教育　子どもたちの成長のためには、同年代の幅広い仲間との交流を通して豊かな経験を積むことが大切です。本校では地域の公立小学校、私立小学校そして同じキリスト教主義学校の小・中・高校生と年間を通して多くの交流学習をおこなっています。年齢差はありますが、大学生を中心とした大勢の学習ボランティアや行事ボランティアの

方々との触れあいも幅広い人間交流の一つといえます。また、地域の方々とも、買い物や見学、散歩、行事などを通して積極的に出かけていき、交流を深めています。

⑤保護者と共に子どもたちを育む教育　保護者面談を丁寧におこない、常に共感をもって共に育てるように心がけています。また子どもたちの育ちの過程における困難な状況に対しては極力協力し、シオン寮におけるケース入寮やショートステイケアサービス（緊急一時預かり）をおこなっています。

学校法人横浜訓盲学院　横浜訓盲学院

（学院長　笹野信治）

■横浜訓盲学院の歴史

横浜訓盲学院は、日本の開港の歴史情緒あふれる横浜山手から連なる丘の上にある、日本で唯一の私立盲学校です。一八八九年（明治二二）に、宣教師の妻であったシャーロット・ピンクニー・ドレーパーが「盲人福音会」を設立し、困難な生活を強いられていた成人視覚障がい者の保護と教育をおこなったことから始まりました。日本の近代における視覚障がい教育の草創期から歴史を積み重ね、建学の精神であるキリスト教の愛に基づいた私立盲学校として独自の教育実践を重ね歩んできました。

横浜訓盲学院は、全国で四校目の盲学校として誕生しましたが、その後、次第に日本各地に視覚障がい者のための職業教育をおこなう学校として、私立の盲学校が開校されました。しかし、一九二三年（大正一二）になって全国に「盲学校」と「ろう学校」の設置が義務化されたことや、経営上の問題等の理由により、相次いで公立化されていきました。当時は、私立の学校には、国や県、市からの補助金は全くありませんでしたので、学校経営は困難を極めたようです。本校も例外ではありませんでした。関東大震災の後、学校経営はさらに悪化していきました。米屋、八百屋などの「つけ」が払えず、半年分、一年分とたまる一方で、お店から「つけ」を払ってもらわなければ、もうこれ以上売ることは出来ませんと断られ、今晩の生徒達の夕ご飯はどうしようと職員が奔走したというエピソードが伝えられています。こうした日常でしたので、多くの人々は学校の存続を危ぶみ、廃校もやむを得ないという声が日増しに強まってきた時期でもありました。そのような折り、神奈川県から、公立の盲学校として再出発してはどうかとの話がありましたが、横浜訓盲学院の建学の精神「聖書に示されたイエス・キリストの教えに基づいて、神を信じ、人を愛し、世に奉仕することに努め、毎日の生活を心から感謝することのできる人柄の育成を目あてとする」に基づいた教育をおこなうことができなくなってしまうということで、この申し出を断り、私立盲学校として歩んでいくことを決意しました。障がいがあるがゆえに様々な問題や課題を持つ生徒達のため、教職員が無報酬に近い生活に甘んじながら、ただ子ども達の幸せだけを考えて愛と奉仕の精神で支え周囲の方々の祈りと支援に支えられて、危機を切り抜けてきました。

■本校教育の特徴

盲幼児の早期教育の大切さをいち早く認識し、一九二四年（大正一三）に全国に先駆けて幼稚部を設置しました。五二年（昭和二七）に今村貞子（のちの学院長）が、ハーバード大学大学院教育学部に入学し、視覚障がい教育の先進的な教育をしていたパーキンス盲学校の教育について学び、帰国後、本校の教育の内容の改革にも取り組みました。さらに六五年（昭和四〇）にパーキンス盲学校に三重苦盲人教育研究のため再度渡米しました。その後、本校普通部は、七二年（昭和四七）より視覚障がいと他の障がい（聴覚障がい、知的障がい、肢体不自由等）を併せ持つ重複障がいの教育に特化した教育をおこなう盲学校になりました。また、盲ろう（視覚障がいと聴覚障がいを併せ持っている）児童生徒の教育に関しては、大学等の先生方の協力をいただきながら教育実践を積み重ねてきました。現在でも、本校の専門教育を受けるために県を越えて複数の生徒が通学しています。また、同時に「無学年制」を取り入れ、幼稚部から高等部生活科までを三つのグループに分け、指導するという独自のグループ編成で指導をしています。

今日における日本の盲学校の現状は、在籍生徒数の減少と障がいの重複化です。原因としては、色々考えられますが、医療技術の向上、少子化とインクルーシブ教育の推進等が考えられます。さらに、盲学校普通部に在籍する幼児児童生徒の半数が重複障がいの子ども達です。そのように、盲学校に在籍している生徒数の減少している現状でも、盲重複障がい教育に対する専門教育のニーズは、むしろ増えてきているといえます。その意味でも、五〇年も前に視覚障がいと他の障がいを併せ持った重複障がいの教育に特化した教育を始めたことは、先見の明があったといえます。

また、理療科では、「あん摩・マッサージ・指圧師、はり師、きゅう師」の国家資格となる免許状の取得を目指す教育をおこなっています。本校は、中途視覚障がい者が多く在籍しています。六〇歳以上の生徒も多く在籍し自宅での開業や治療院への就職を目指して勉強しています。理療士としての専門性を高め、社会的貢献を果たしていけるよう、少人数制で、個々のみえ方やニーズに応じたわかりやすい授業を心がけ、生徒に寄り添う教育に取り組んでいます。

■教職員の専門性の維持向上

公立学校では、一般教員では七年~八年、新採用教員では三年で転勤があります。盲学校に勤務することになった先生が、ようやく点字も覚えこれからというときに、転勤になってしまい、専門性を維持していくことが容易ではありません。私立の盲学校の本校では、転勤が基本的にないので、教員は継続して専門性を身につけることができます。その専門性を維持向上させていくために、次のような取り組みをしています。

（1）チーム・ティーチングによる指導

チーム・ティーチングでは、複数の教員が役割を分担し、協力し合いながら指導計画を立て、指導します。ここでは、他の教師の良い所が学べるなど影響し合うことが出来ます。

（2）大学等の専門機関との連携

弱視教育については慶應義塾大学の中野泰志教授、盲ろう教育については国立特別支援教育総合研究所の加藤敦主任研究員が定期的に来校し、指導・助言をおこなっています。

（3）盲学校相互研修システム

盲学校で外部講師による研修会をおこなう場合、自校の教員だけでなく、講師の先生の許諾を得た上で、関東甲信越地区の他の盲学校とも互いに呼びかけあって、実施し、研修の機会の確保をしています。

本校は、二〇二四年で創立一三五周年を迎えます。今までさまざまな困難がありましたが、先人たちが必死な思いで守り抜いてきたキリスト教主義の学校として、障がいのある子どもたちの幸せを願いながら歩んでまいりたいと思います。

学校法人ねむの木学園　特別支援学校ねむの木

（理事長・校長　梅津健一）

■沿革と概要

ねむの木学園は、戦後舞台女優として活動していた宮城まり子が「ダメな子なんか一人もいない。こどもはみんな天才。障がいをもった子に教育の場を」という思いで創設した肢体不自由児のための施設、そして学校です。

一九六八年（昭和四三）一月、社会福祉法人ねむの木福祉会の設置が認可され、同年四月、静岡県西部の海辺の町、小笠郡浜岡町（現在の御前崎市）に養護施設（現在の児童養護施設）として、肢体に不自由をもつ八人のこどもたちを迎え、ねむの木学園は開園しました。施設内には町立の小中学校の分教場が設けられ、教員が派遣されて来て授業がおこなわれました。

かねてより「こどもたちの個性を尊重し、一人一人の状態に寄り添った教育をおこないたい。芸術性を重視した教育をおこなうことによって、鋭い感受性と豊かな感性を育ててあげたい」

という願いを抱いていた宮城まり子は、学校の開設を決意。一九七九年（昭和五四）三月、学校法人ねむの木学園の設立が認可され、同年四月、ねむの木養護学校小学部・中学部が開校しました。さらにその四年後には、高等部も開校しました。

その後ねむの木学園は、障がいのある人々が芸術的活動に取り組みながら社会的自立をめざすという「ねむの木村」建設の構想実現のため、同県掛川市に移転。現在、施設は障がい児入所施設、障がい者支援施設、グループホームへ、学校は特別支援学校へとその姿を変え、約七〇名のこどもたちと八〇名の教職員が、緑豊かな森に囲まれた地域で、ともに生活し、ともに学び、ともに働いています。

■学校内での生活

学校の開校時、理事長および学校長となった宮城まり子が最初におこなったことは、施設の職員と学校の教員との間の壁を取り払うことでした。そして両者に、全く同じ仕事に当たることを命じました。すなわち学校の教員にもこどもたちの日常生活の支援に当たらせ、毎朝こどもたちを起こすことから始まり、三食を共にし、お風呂にも一緒に入り、さらに調理、洗濯、居室の掃除などもおこなわせました。反対に施設の職員にも学校での学習指導に当たらせました。普段生活の面倒をみてくれるお兄さん・お姉さんが、学校での勉強も教えてくれる、そんな形態をめざしたのです。「洗濯物の汚れ方をみたらその子の障がいの特性がわかる。居室の掃除をしたらその子の嗜好や性格がわかる。一緒に食事をしたらその子の健康状態がわかる。お風呂で背中を流してあげたらその子の体幹の状態を知ることができる。さらに宿直をして夜中のこどもたちの状態を把握する。そのようにして一人一人をあらゆる観点で知り尽くしてこそ、より良い教育がおこなえるのではないか」、宮城まり子はそう考えました。「教育は学校の教室だけにあるのではない。日常生活のなかにも存在する」、それが彼女の教育理念のひとつです。

■学習環境

また、開校時三つに分かれていた教室の壁を取り去ってひとつの広い教室とし、「オープンクラス」と名付けました。そしてこどもたち一人ひとりの能力や学習進度、適性などによって教科ごとにグループ分けをおこない、オープンクラスの各所に散らばり、各グループに担当教職員がついて学習指導をおこなわせました。学校には書類上の学部編成・学年編成はありますが、学習グループはそれにこだわりません。こどもたち自身も自分が何学部の何年生であるかを知らないし、興味も示しません。教職員もほとんどの子についてその子が何年生なのかを知りません。ただ小学部に入学するときだけ、四月の始業式でランドセルがプレゼントされます。入学して一定の年数がたてば小中学部を、あるいは高等部を卒業することになりますが、それも書類の上だけです。「この子はもっとこんな学習が必要」と判断されれば、またはその子自身に「もっと勉強したい」という意欲があれば、何歳になっても学校に来て勉強することができます。だからねむの木学園のオープンクラスでは、一〇歳のこどもと四〇歳のおとなが机を並べて一緒に勉強しているといった光景が、普通に違和感なくみられます。

さらにねむの木学園では、学習の進度を決して急がせません。たとえば「普通校の子が半年で覚える掛け算九九を、考える力の遅れたこの子たちが五年かけて覚えたっていいじゃないか」というわけです。年齢や学年を気にせず、こどもがしっかり理解できるまでは、じっくりと時間をかけることを一切いとわない。ねむの木学園の教室には、そんなゆったりとした空気が流れています。「学びに終わりはない。一生涯が学びの場」、これも宮城まり子の考え方です。

またねむの木学園には、授業の開始・終了を告げるチャイムが存在しません。授業の始まりと終わりは担当の教職員に委ねられており、「今日はあまりこどもたちの気分が乗っていないから」と早めに授業を切り上げることもあれば、「今集中して問題を解いているから」と少々時間が延びてもかまいません。美術の時間などは、とっくに授業時間が終わって、おやつも済んでいても、さらに夕食の時間になるのも気付かずに絵を描き続ける子がいても、教職員はそれを咎めず、そっと見守ります。芸術性を重視した学習に集中して取り組ませることにより、鋭い感受性と豊かな感性を育てるだけでなく、集中力を高め、それによって日常生活能力を向上させようとする教育、これを「集中感覚教育」と呼び、こどもたちは日々絵画制作や音楽、ダンス、茶道、機織り、木工、詩、作文といった学習活動に熱心に打ち込んでいます。これにより、かつて午前四コマだった授業時間数は三コマになり、さらに現在は小さい子であっても、午前二コマ、午後一コマの長時間授業に集中して臨むことができるようになりました。

■今後の課題

女優であった宮城まり子は、

教室は、教師とこどもたちにとっての舞台。教師は、黒板という背景を背負った女優（俳優）。主役はあくまでもこどもたち。授業は、教師とこどもたちとが一緒に作り上げる舞台の演目

という言葉を残し、二〇二〇年に天国へ旅立ちました。彼女亡き今、その教育理念を次の世

代に伝えていくことは残された私たち教職員に与えられた使命であり、いかにして伝えていくか、それが課題です。

学校法人特別支援学校聖母の家学園　特別支援学校聖母の家学園

（前校長　大橋里栄）

■学園の理念

「障がいのある人たちの役割を創造し、共生社会の実現をめざす学校づくり」をモットーに、①カトリックの愛の精神に基づく学校として、人を大切にし、感謝の生活ができる人格形成をめざし、②小学部から高等部専攻科まで一六年間の教育課程をもつ学校として、一人ひとりが、自分らしく豊かに活動し、学校生活だからこそできる経験を大事にしていきます。そして、専攻科四年間で学校から社会への移行期の豊かな教育をめざします。また、③卒業後の生活を見据え、一人ひとりの可能性をひろげていく学校として、安心して学び続けられるように卒業後の雇用の場の設立をめざしています。さらに、④開かれた学校として、地域・教育・福祉・行政・医療・企業など関係者が連携し、みんなで力を合わせる学校づくりをとおして共生社会の形成もめざします。

■学園のあゆみ

一九七一年（昭和四六）に「聖母の家」の施設内養護学校として、児童寮に入所する子どもたちの学びの場として小学部と中学部が設立され、一六年間存続しました。

その後、児童生徒数激減で学園存続の危機もありましたが、一九八七年（昭和六二）に高等部が設置されました。そして地域に開かれた学校をめざし外部からの通学生を受け入れることになり、スクールバスの運行や寄宿舎の設置をおこないました。

一九九五年（平成七）、高等部専攻科を設置し仕事と生活をつなぐ心のスキルを育てる青年期に必要な学びを模索しました。二二年間の専攻科教育を実践するなかで、生徒たちの「もっと学びたい」や保護者の「もっと学ばせたい」という新たな要求が出てきたことから、二〇一七年（平成二九）には、高等部専攻科の教育年限を延長し「四年制の専攻科」となりました。そのことが話題となり、見学者が増えて知名度も上がり、児童生徒数も少しずつ増えてきました。

さらに、二〇二四年（令和六）四月、三重県いなべ市から無償譲渡された小学校跡地に、いなべ校を開校しました。地域のなかで育む自立と社会参加をめざし教育活動を進めることになります。四日市校といなべ校それぞれが、特色を生かし魅力ある学校創造のために歩んでいきたいと思います。

■学園の特色

三重県で最初の特別支援学校（知的障がい）であり、四年制の高等部専攻科がある全国唯一の知的の特別支援学校でもあります。小学部から高等部専攻科までの連続した教育課程を設けて、卒業・修了後も支援を続ける学校です。働いて暮らす豊かな人生のために、充実した余暇活動支援にも取り組んでいます。

四日市校といなべ校では、それぞれの特色を生かして授業や指導に取り組んでいます。また四日市校では、隣接する社会福祉法人「聖母の家」及び生活介護事業所「かしの木」と連携しています。

■教育目標

本校の教育目標は、大きく四つあり、「カトリックの精神に基づいて人を大切にし、感謝の生活ができる人格をつくる教育をめざします。」、「児童・生徒がもつ固有の人格を認め、障がいにとらわれずに、全人格的にそれを発達させる教育めざします。」、「一人ひとりの主体性を尊重し、生涯を見通す指導と支援に努めます。」、「保護者との緊密な協力によって、個別の発達と集団への参加を促し、生活する力を身につけた人間を育てます。」が挙げられます。

■学園の教育

「保護者の思いに寄り添い、子どもたちの幸せな生き方を希求する。」、「どの子も一人の人として大切にされている実感が持てる環境を作る。」、「どの子にも等しく教育を受ける機会を与える。」という創始者の思いから、「信じること・希望を持つこと・感謝すること・命を大事にすること」を教育の指針としています。

児童生徒に寄り添い、児童生徒の意欲を引き出し、児童生徒とともに学び成長しあうことで、人間的な成長をめざし、社会参加と自立を促進させていきます。

各学部で掲げる目標は、小学部では「人の温かさの中で好きな活動を見つけ思いっきり楽しむ。」、中学部では「自分と向き合い友だちと一緒に楽しく活動する。」、高等部本科では「自分を知り仲間を大切にして意欲的に活動する。」、高等部専攻科では「仲間同士で関わり合う中で主体的に活動する。」です。

学校法人光の村学園　光の村土佐自然学園・秩父自然学園

（理事長　北野光子）

■両校の沿革と概要

光の村土佐自然学園は、「精神薄弱者に技術教育を」をスローガンに、終戦直後から知的障がい児教育に取り組んだ創立者（西谷英雄）が、技能訓練を技術教育へと高めることができるという確信をもって、一九五九年（昭和三四）に中卒者の職業訓練所を作って実験教育を続け、六九年（昭和四四）に精神薄弱児の実業高校をめざして全寮制高等部養護学校として開校しました。のちに中学・専攻科を開き八年制の学校となりました。

開校から二〇年間は、時代とともに入学生の多様化が進み、教育にもさまざまな工夫が求められました。当初は紙器、農耕、木工、ブロック、鉄工などの技術教育が主流でしたが、顕著な自閉傾向をもつ生徒が増え、対応に苦慮しました。特性の分析を進め、リズム感や香りの教育効果に注目し、煎餅作業、パン作業を拡大し、多くの生徒が卒業後もその道へと巣立ちました。

現在は、自然相手の果樹栽培や、作り手と買い手が直接繋がる作業に着目し、個々の達成感が大きく得られる手織りや木工の干支づくり等に取り組み、教師も生徒も大きな手応えを感じています。

コロナ禍に翻弄された製菓・製パン部門も、生き残りをかけて再出発しました。光の村の味を求め続けてくれるお客様の熱い思いに応えるべく一丸となって復活の道を歩み始めているところです。

光の村秩父自然学園は、土佐校二〇年の成果をもとに首都圏で学校設立計画を立て、千葉市郊外に用地を取得しました。その直後に埼玉県秩父山村の廃校舎に出会い、豊かな都会暮らしの子どもたちには、何よりも野生が必要と考え、施設を改修して一九八六年（昭和六一）に中学部を開き、年次進行で一九九一年（平成三）に中高一貫教育の寄宿舎・学校が完成しました。そして、秩父山地から東京、千葉の都市部に広がる広域福祉圏の組織化をめざしました。そこで秩父に「キノコ栽培場、食品工場、木工場」を作り「東京パンの店」と千葉市の授産施設を結ぶ販売ルートを開き、それを動脈にして地域福祉との毛細血管を広げる計画です。二〇〇九年（平成二一）八月一日に、廃校となった光岩《ひかりいわ》小学校の校舎を活用して移転しました。以来一貫して創立者（西谷英雄）が舵をとって村づくりをテーマとする教育を進めてきましたが、二〇一三年（平成二五）一一月創立者を失い、土佐校同様、時代の流れを大きく受けながらも生徒確保、職員確保に奔走しているところです。

開校以来秩父校においては家庭教育の重要性を訴え続け、今なお二週間に一度の「帰宅・

家庭学校」は継続して実施しており、これからも光の村の伝統を守りつつ、創立者の時代の要請に応える開拓精神を受け継いで進んでいきたいと願っています。

■教育の四本柱——人類の発達史をなぞる足からの教育

光の村学園の教育の特色は土佐校も秩父校も共通しています。

本校の目標は、「物事に全力で取り組み最後までやり抜く力」と「粘り強くて、しなやかで、疲れにくく、疲れの取れやすい体」を育て、仲間に合わせて助け合う経験と丁寧な生活指導を実践し、人間の基礎をしっかりと固めていくことにあります。そして一人ひとりの体力・気力に応じた職業訓練を積み上げて、確かに自立できる力をつけることをめざしています。

①**生活教育（暮らしの質を変える）** 全寮制を原則とする中等部、高等部（本科三年・専攻科二年）の青年期前期をカバーする八年制の学校という利点を活かして、日常生活指導に重点をおいています。寄宿舎教育の大きな目的は「自分のことは自分でする力」を身につけることです。洗面、入浴、排せつ、手洗い、衣服の着脱、掃除、洗濯など、生活に紐づくその一つひとつを、正確に手早くできるように支援・指導します。

②**体育教育（体の質を変える）** 体育教育では、筋肉に活力を与え、感覚や神経に働きかけ、日々の運動、特に「歩く・走る」ことで足の質を変えることに力をそそいでいます。器械体操や

縄跳び、水泳など一人ひとりのペースでゆっくり根気よく、毎日積み重ねます。情緒も安定し、たくましく粘り強く、しなやかな体に育てるよう支援・指導します。

③作業教育（手の質を変える）　本格的な実習場（製菓・製パン・木工・文旦栽培・清掃・さをり織り）を備えています。ここでたくましく器用な手に変える作業教育があります。手を使い大脳を活性化することで表情も次第に引き締まります。最初はうまくできなくても発達段階や特性に応じて、根気よく繰り返すことで複雑な作業ができる「手」に育ちます。指示を聞いて、責任をもって働くという「仕事をするための基礎」を作るために支援・指導します。

④教科教育（ことばの質を変える）　賢さは「暮らし・体・手」の質を変えることから生まれます。この三つが確立されると、読むことや書くこと、話すことや計算することなどの学習の可能性が高まります。各教科を総合単元あるいは単独の学習などによって構成しています。言語は学校のあらゆる場面で、数量は作業等の活動のなかで、情操は音楽を中心に学習し、言葉の質を向上させるように支援・指導します。

■今後の課題

光の村は、一人ひとりが適切な場を得て、その人生を開花させる広域福祉圏を組織し、より確かな生涯教育を自前で作るという大きなテーマを掲げてきました。しかし二〇〇六年度

（平成一八）に障害者自立支援法施行という大きな変革がなされ、長年、社会福祉法人光の村と学校法人光の村学園は一体となって、福祉と教育の理念を全職員が共有してきましたが、もはやその姿勢は公には許されない状況下に置かれるようになりました。そして社会の福祉に対する考え方の変化が徐々に見え隠れしつつ平成時代が終わりました。

令和時代となり、本校の進路指導は大きな転換を余儀なくされています。学校教育修了後は、多くの者が障害者総合支援法に沿って進路づけがなされています。年齢という節目をとらえて、生徒たちの目指す道を明確化し、入学時から適切かつ迅速な進路指導をおこなっていかなければなりません。

＊　＊　＊

各校が建学精神を大事にしながら今日的な教育ニーズに応じた教育をおこなっているので、巻末のリストも活用してぜひ学校の見学をすすめたい。私学ならではの自由な雰囲気での子どもたちの学校生活を感じられることと思う。定員内の幼児・児童・生徒の受け入れであるので、一人ひとりに丁寧な教育支援をおこなうことも特徴である。なお、学校は卒業があるということから、進路先を心配して福祉事業を起こし、連携している学校も多い。

私立特別支援学校連合会（私特連）の設立と活動

私特連は、国庫助成を求めての動きからはじまった。当時の日本聾話学校の大嶋功校長は『私特連広報』に次の一文を寄せている。

国庫補助が始まったのは、一九六九年（昭和四四）だったが、これの獲得の為の運動は一〇年前に遡る。当時の記録を見ると一九五九年一〇月二〇日に大嶋が大蔵省に陳情し、同七日に衆院文教委員長大平正芳代議士訪問等一九六一年一月に至る殆ど連日とも言うべき行動力によるもので、その結果一九六二年に設備費の助成をみたのだが、設備の継続の必要はあるまいとの事で六三年度以降は打ち切られた。その後、連盟諸学校の不屈の陳情が続けられ、坂田道太文部大臣の時、一九六九年度に人件費を含む経常費国庫助成の端が開かれ、当初の単価三万円から年毎に増額され現状に至った。大平・坂田両代議士をはじめ多くのご尽力に深い感謝を覚えるのは勿論だが、助成発足時の寒川英希特殊教育課長が陳情連年の不成果に殆ど望を失いかけていた私共に対して「これは大切な事だから是非やりましょうよ」と言って全力をこれに投入して下さったご厚情を忘れる事が出来ない。

（日本聾話学校『創立一〇〇周年日本聾話学校教育史』）

一九六九年の私特連加盟校への国庫助成の対象は、旭出養護学校（東京都　精神薄弱児教育）、日本聾話学校（東京都　聴覚障がい児教育）、熊谷盲学校（埼玉県　視覚障がい児教育）、横浜訓盲学院（神奈川県　視覚障がい児教育）、聖坂養護学校（神奈川県　精神薄弱児教育）の五校であった。

当時は首都圏を中心とした活動であったが、これ以降、私特連に加盟する学校が少しずつ増えていった。

公立と私立の格差を是正するために、私特連は毎年次年度に向けた「要望書」（巻末附録参照）を文部科学大臣宛に届けている。大臣だけでなく、衆参両議院の文部科学委員や文教科学委員などの関係議員にも同じ要望書を届け、理解と協力を要請している。要望書の主な内容を紹介する。

経常的経費補助と公私格差是正

一九七五年（昭和五〇）に私立学校振興助成法が成立（翌年施行）し、その後何度も改正されているが、現行の第四条に、

国は、大学又は高等専門学校を設置する学校法人に対し、当該学校における教育又は研究に係る経常的経費について、その二分の一以内を補助することができる。

とあり、さらに第九条に、

都道府県が、その区域内にある幼稚園、小学校、中学校、義務教育学校、高等学校、中等教育学校、特別支援学校又は幼保連携型認定こども園を設置する学校法人に対し、当該学校における教育に係る経常的経費について補助する場合には、国は、都道府県に対し、政令で定めるところにより、その一部を補助することができる。

とある。これが国と都道府県に対する私立特別支援学校への経常的経費の補助の根拠になっている。

一九五〇年に発足した旭出学園は私塾としてはじまり、保護者の授業料だけで学校を運

表５　特別支援学校・都立と私立の生徒１人当たりの経費の比較表

	都立特別支援学校	旭出学園（高等部）
2010年度	763万8571円	292万5000円
2019年度	802万7519円	303万4319円

営していたので「教職員の給料は父兄総会で決めていた」と聞いている。学校経営の進捗を年度末に開かれた「父兄総会」でおこない、事業報告と収支報告を開示し、保護者に学園の経営についての理解と協力を求めていた「情報公開」の精神は今日も続いている。

一九六〇年に学校法人の認可を受け、寄付行為や学則などが整備された。前述したように六九年に国庫助成が実現した。その後、七六年に私立学校振興助成法が施行された。私立学校への経常的経費の二分の一以内の補助となっているが、東京都立の特別支援学校と旭出学園の一人当たりの教育費を比較してみる（表５）と、公立特別支援学校に比べると私立特別支援学校の生徒一人当たりの経費は四割弱になっていることがわかる。

私立特別支援学校の主な収入源は、国と都道府県の補助金と授業料、寄付金などになるが、人件費の割合が高いことは、私立特別支援学校の共通した傾向だと思う。

教育はヒトであるということから、意欲のある教員を採用して長く勤めてもらい、特色ある教育を創造して、幼児児童生徒の入学につなげることをめざしている。公私格差を是正することで、意欲のある教員が長く勤められるようになり、学校の安定した経営につながることを願っての要望である。

寄宿舎への追加補助

学校教育法の特別支援教育の第七十八条に、

特別支援学校には、寄宿舎を設けなければならない。ただし、特別の事情のあるときは、これを設けないことができる。

とある。一九七九年の養護学校義務制の施行前からあった旭出学園には全国から入学者があり、「やよい寮」（現在の三木安正記念館）と「さつき寮」（現在のまきの館）の二つの寄宿舎で生活して学校に通っていた。寄宿舎の理由は家庭が遠隔地にあることによる通学困難の解消だけでなく、「生活教育」が生きる力を育む教育的意義があるからである。近年は複雑な家庭が多くなっている点からも寄宿舎の必要性はますます高くなり、子どもの保護や自立のためには欠かせない教育事業になっている。

寄宿舎を学校法人で運営しているのは、旭出学園以外に日本体育大学附属高等支援学校（北海道）、いずみ高等支援学校（宮城県）、若葉高等学園（群馬県）、聖母の家学園（三重県）、光の村秩父自然学園（埼玉県）、光の村土佐自然学園（高知県）の六校ある。二〇二一年度までの経常費補助の仕組みは、寄宿舎を設置している学校にも、していない学校にも一律の補助になっていた。実際には寄宿舎では専任の職員を雇用し、寄宿舎の維持管理に関する支出があるが、その多くは保護者からの寮費で賄っていた。七校の一ヵ月の寮費を調べてみると、三万円から八万八〇〇〇円の幅があり（二〇二三年度調査）、毎年の利用者の増減もあるので、受益者負担だけでは寮の運営はできなかった。結局、不足分は経常的経費の補助を充てることになるので、寄宿舎設置校には別途の補助をお願いしたいというのが要望の趣旨であった。

公立特別支援学校にも寄宿舎を設置している学校があり、ある地方の学校には一人当たり月額約一五万円かかり、税金で賄われていると聞いていた。私立特別支援学校のなかには児童福祉施設から通っている児童生徒もいるが、その管轄は厚生労働省になり会計の出所は異なっている。

二〇二一年度に文部科学省私学助成課の担当者から私特連事務局に「寄宿舎運営の現況」の調査依頼があり、寄宿舎設置校の情報を提供した。私学助成課は財務省に掛け合い、その結果二〇二二年度から「寄宿舎の指導員への補助」という形で予算がつくようになった。

老朽化した校舎の建て替え資金

創立時の私立学校の施設や設備は、創立者や建学精神に賛同された方々からの出資で建設してきたわけだが、月日が経《た》てば校舎は老朽化して、設備面も古さが目立ってきてしまう。さらに災害に強い施設やICT教育に対応した設備などの整備が迫っている現状もある。しかし、小規模校の私立特別支援学校であるがゆえの資金難という大きな壁がある。

私立学校法の第二十五条（資産）に、

学校法人は、その設置する私立学校に必要な施設及び設備又はこれらに要する資金並びにその設置する私立学校の経営に必要な財産を有しなければならない。

2 前項に規定する私立学校に必要な施設及び設備についての基準は、別に法律で定めるところによる。

とあり、法律の下では大学も特別支援学校も同じ扱いになる。

二〇二一年六月の新聞に私立大学の二〇二一年度の一般選抜の志願者が最少でS大学が二万五二九二人、最多でK大学が一〇万五九七九人とする一覧表が掲載されていた。平均検定料が三万五〇〇〇円ということなので試算すると、私立大学は検定料だけで約八億八五〇〇〇万円から約三七億円の収入になる。他に入学料、設備負担金が学校の収入になるので、大学の新校舎の建設資金として充当すれば、数十年で達成できるであろう。

旭出学園の入学検定料は二万円であり、入学希望者は多い年度で一五名である。検定料は合計で三〇万円、入学金と設備負担金は二五万円ずつで、概算で年額七八〇万円である。仮に新校舎の建設資金を五億円とすると、六〇年以上かかる。大学も特別支援学校も私立学校法の扱いは同じでありながら、これだけの差が生じる現状には不公平さを感じてしまう。

法律の壁はあるが、長年にわたり文部科学省に校舎改築への補助を要望してきた。要望が実り、二〇一五年に「私立特別支援学校の老朽改築制度」が創設された。ただし、「構造上の危険な状態にある特別支援学校の建物について、その改築に要する経費の一部を国庫補助し、教育条件の改善を図る」という趣旨であり、新しい施設建設は認められていない。老朽化の診断として「耐力度点数」が使われ、「補助率及び調整率は三分の一以内」というものである。改築に対する補助のみではあるが、施設補助という点では大きな前進であり、ありがたい。

岩手県の三愛学舎はこの制度を利用して高等部の新校舎建設の補助を申請して認められ、岩手県の補助、自己資金を合わせて二〇二二年（令和四）に高等部の新校舎ができあがった。国の補助制度を活用しての校舎の建設は、加盟校では初めてであり、申請のノウハウを加盟校で共有している。今後の他校での展開にも期待したい。

公益財団法人ＪＫＡによる施設の建築・補修の補助

私立特別支援学校の施設や改修については、日本自転車振興会、現在の公益財団法人ＪＫＡの補助に多くを依ってきた。

財団のホームページには、定款の目的に「本財団は、自転車、小型自動車その他の機械に関する事業及び体育事業その他の公益の増進を目的とする事業の振興を図るとともに、競輪及び小型自動車競走の公正かつ円滑な実施及び振興のため必要な業務並びにその他の関連業務を行い、もって地方財政の健全化及び社会・文化の向上発展に寄与することを目的とする」とある。財団は一九四八年（昭和二三）一一月に「自転車振興会設立」となっている。五七年（昭和三二）一〇月に日本自転車振興会を発足し、今日まで続いている。

近年は「競輪等の収益金は年々減少している」と聞いているが、財団の社会貢献の事業は尊いものである。

　私特連では二〇一五年に加盟校に対して「公益財団法人ＪＫＡによる学校施設建設に対する補助」に関する調査をおこなった。一九六三年（昭和三八）にはじまり、二〇〇五年（平成一七）までの四二年間に九校が二〇回の補助を受けていた。その総額は、一一億八八二七万九〇〇〇円であり、これは補助を受けた私立特別支援学校の総工事費の約六〇％に当たる。

　しかし、ＪＫＡからの新施設の建設への補助は、二〇〇五年の若葉高等学園の「はあとほ〜る（体育館・作業室）」の補助以降、いったん、途絶えてしまった。わが国では学校法人が建てる新施設に対する補助や助成はＪＫＡ以外に知らない。そこで、私特連は「ＪＫＡの補助を何とか復活させていただきたい」とお願いしたところ、一六年の補助方針に「社会福祉の増進関連」の「障がいのある青少年の健全育成のための施設（私立特別支援学校）（上限金額八〇〇〇万円）」という要綱が復活した。早速、宮城県仙台市のいずみ高等支援学校が特別教室の建設補助を申請したところ、審査が通り、一七年二月に特別教室が完成して音楽教育が充実したと聞いている。申請がダブらないように私特連事務局が調整役を担い、二一年度に日本聾話学校の大規模改修工事、二二年度に旭出学園の専攻科校舎ができあがった。二三年度は若葉高等学園の特別教室が実行されている。公益財団法人ＪＫ

Aのこうした貢献には大変に感謝している。

私特連としては、多額の費用を要する校舎の建築資金には文科省の「老朽改築制度」とJKAの補助併用でお願いしたいと考えているが、JKAの補助方針のなかに「補助の対象外となる者」として「同一事業において国又は他の団体（他の公営競技や宝くじ、その他民間助成団体）からの補助を受けている者」とあり、〈国が出すならばJKAの補助対象ではない〉ということになっているのが現状である。

公益財団法人みずほ教育福祉財団による特別支援教育設備助成

私立特別支援学校は、施設ではないが、長い間私立特別支援学校の設備助成として公益財団法人みずほ教育福祉財団から助成を受けている。これは、第一勧業銀行の発足を記念して、一九七二年（昭和四七）に第一勧銀と第一勧銀心友会の基金拠出により設立されたはあと記念財団を端緒としている。財団一〇周年記念の節目として一九八二年（昭和五七）から毎年私立特別支援学校への設備助成が始まった。法人のパンフレットには「特色ある優れた教育を行っている全国の私立特別支援学校を対象に、充実した教育水準の維持・向上の一助として、教育機材等の取得や教育環境整備のための資金を助成」とあり、四〇年の長きにわたる助成には私特連一同感謝している。私立特別支援学校の申請校一三校への設備助成は、二〇二三年度までで、累積総額で三億三九六一万円に達している。旭出学園はこれまでに人体模型やビデオカメラ、ハウス式温室セット一式、和太鼓など多岐にわたる設備・備品の購入に充ててきた。法人の各学校への信頼は厚く、見積書とカタログをつけて申請するだけで対応してくれるなど、手続きが非常に簡略である。

法人による助成は初等中等教育関係では「へき地教育助成」と「特別支援教育助成」に分かれており、それぞれ設備助成と研究助成の部門がある。五二年間の助成額の累計は三一億三六〇八万円になり、その内の特別支援教育関係では研究助成を含めると総額で四億五七〇一万円に上り、当法人が特別支援教育に深い理解を持って長い間支援をおこなっていることは、多くの方に広く知ってもらいたい。

就学支援と幼児教育無償化、修学支援

二〇一〇年度から高等学校等就学支援金制度が実施され、世帯年収五九〇万円未満の高校生の授業料は無償になった。コロナ禍もあって、二〇二〇年度から世帯年収が九一〇万円未満に引き上げられ対象者が拡充された。二〇二三年現在は、世帯年収が約二七〇万円

〜五九〇万円には約四〇万円、約五九〇万円〜九一〇万円には約一二万円の私立学校の授業料の支援がある。

二〇一九年一〇月には、幼児教育の無償化がはじまった。旭出学園の幼稚部の在籍者はいないが、横浜訓盲学院や日本聾話学校、明晴学園、愛育学園など幼稚部を設置している学校には歓迎すべきことである。

二〇二〇年四月からは高等部専攻科にも修学支援金制度が実施され、年収約二七〇万円未満の世帯の専攻科生に支給されるようになった。世帯年収の規定が低額のために利用者は限られているので、年収額を上げてより使い勝手のよい修学支援金制度になることを要望している。

二〇〇六年の教育基本法の第八条に私立学校の条文が加わったためだろうか、わが国の私学への補助・助成制度は拡充される傾向にある。二〇一三年（平成二五）の学校教育法の改正では、就学にあたって本人と保護者の意向が学校選択をするうえで尊重されるようになったことと相まって、経済的負担も軽減され、「わが子にとっての最善の学校」という基準で学校を選ぶことが可能になった。しかし、学校の選択にあたって、私立特別支援学校の存在が周知されていない現状にあることは多くの方に知ってもらいたいことである。公的機関における就学時の学校の情報開示が公平となることを強く願っている。

私特連主催の研修会

私特連の主催で教職員研修会を加盟校の持ち回りで開いている。一九九六年の第一回を横浜訓盲学院と聖坂養護学校でおこなって以来、毎年続けてきたが、二〇二〇年度はコロナ禍により、予定していた三愛学舎（岩手県）での開催が取りやめになった。研修会は一泊二日でおこなわれるが、開催校を訪問することによって学校環境を知ることができるほか、授業参観、研究協議会をおこなうなど、意義は大きい。その地に行ってわかることが多く、特に私立特別支援学校に共通しているのは、幼児児童生徒が学校生活を楽しんでいる姿に出会うことである。授業も幼児児童生徒の実態と地域性にあったものであり、掲示物も工夫されている。研究協議会は活発でいつも時間が足りない。

二〇一四年度の第一九回は旭出学園が担当校であったが、筆者は私特連の事務局長として参加した。当時、全日本特別支援教育研究連盟の松矢勝宏理事長に記念講演をお願いした際、そのなかで「私立特別支援学校は、ミッションとパッションで支えられている」という話があった。私立特別支援学校の特色を表している言葉といえるだろう。国や地方公共団体の設置義務で建てた公立の特別支援学校とは違って、私立校はそれぞれに創始者独自の建学の精神があり、それをミッション（使命）と表現されたのである。創設されても幼児児童生徒がいなければ学校は続かない。幼児児童生徒の入学は教職員の日々の熱心な教育活動によって支えられている。教職員に子どもたちへの「愛」というパッション（情熱）がなければ学校の存続はないわけで、そのことを松矢理事長は表現していたのであろう。

私特連主催の研修会はほかに「学校経営研修会」と「特別支援学校専攻科教育実践交流会」をおこなっている。「学校経営研修会」は経営の立場にある校長や理事長、事務長らを対象におこない、経営者の立場であるがゆえに抱えている課題を協議して、明日の学校経営に生かしている。この研修会には退職した校長も参加して経験を語る機会を設けているが、二〇二四年（令和六）で一一回目を迎えている。

特別支援学校の高等部専攻科について

二〇二三年（令和五）の文科省の統計によると、高等部を設置している特別支援学校は、国立四四校、公立九七〇校（本校八九七校、分校七三校）、私立一二校とされる、そのうち、専攻科・普通科を設置している特別支援学校は一一校である。国・公立は国立鳥取大学附属特別支援学校一校で、他は私立特別支援学校である。

筆者は私特連に提案して、二〇一八年八月に第一回「特別支援学校専攻科教育実践交流会」を開催した。次の文章は、そのときの筆者の挨拶である。

本日は、当教育実践交流会にご参加頂き、誠に有難うございます。会場として提供してくださった私の元職場である旭出学園のスタッフの皆さんに謝辞を申し上げます。

旭出学園の創立者である三木安正先生が当学園に専攻科並びに幼稚部の設置を申請し、許可が下りたのは一九七九年一〇月の事だったと思います。同年四月より「養護学校の義務制」が全国的に施行されました。私立の養護学校としてさらに特色ある教育を目指すために、三木先生は幼児期から青年期・成人期までの一貫教育の構想を具現化し、建学の精神である「卒業のない学園」、即ち生涯教育として専攻科の設置に踏み切ったと推測しています。一九七二年には旭出養護学校卒業者のための富士旭出学園、一九七四年には大泉旭出学園で、当時で言う授産施設の運営を始めています。当時の私は三〇歳で学園の運営の中枢にいたわけではありませんし、専攻科を担当していませんでしたので推測の域を出ないわけですが、「遅れのある子」の教育に時間をかけて人間形成を目指すことは理に適っていると思っていました。

三木先生と旭出学園の事に少し触れますが、三木先生の著書に『特殊教育』があります。当時三木先生は文部省の視学官を経て東大の先生になられ、わが国の特殊教育のリーダー的存在だったのですが、「特殊教育の特殊性はどこにあるかといえば、特殊教育の目標は一般普通の教育目標と異なることはないが、その対象が、なんらかの障害を持っているために、普通の児童に対するより以上に高度の研究と工夫を要するところにあるということができよう」と触れられ、今のインクルーシブ教育の考えに通底しているように思います。さらに、研究と教育実践の関係については「教育の実践には研究の裏付けがあり、また心理・教育の研究は実践に役立つものでなくてはならない」と主張され、今回の専攻科教育実践交流会の意味はここにあると思っています。（中略）

私は異動によって一九九四年度から一九九七年度までの四年間、専攻科を担当することになりました。岡田馨《かおる》前校長や他のスタッフと本科と専攻科の差異などについて議論し、その到達点が「専攻科は自己選択・自己決定を重視する教育支援にし、そのために教員は分かりやすい情報を生徒に提供することを心がける」「高等部まで自立に向けて本人が努力してきたことで〝できない〟ことがあったならば、今後は『教えて下さい』と助けてもらう意思表示を育てた方がQOLに適っている。これからは共生社会の時代になるわけだから〝自立と共生〟の考え方で進めよう」などになりました。その後の専攻科の事は、本文で専攻科現スタッフが触れられることでしょう。

私が専攻科を担当した一九九四年までに専攻科を設置していた養護学校は、いずみ養護学校、光の村養護学校土佐自然学園、聖坂養護学校、若葉養護学校、旭出学園を含めて五校ありましたが、専攻科の教育と運営に関しての情報を交換する機会を知りませんでした。その後、一九九五年に聖母の家学園、一九九六年に三愛学舎養護学校が専攻科を開設するわけですが、一九九八年に当時鳥取大学の渡部昭男先生が専攻科を設置している養護学校を現地調査し、報告書を発表されました。訪問校のお礼として資料『養護学校における高等部専攻科の試み——学校から社会へのトランジション保障の視点から』『私立養護学校の高等部における教育課程の特色——本科と専攻科の関連を中心に』が送られ、拝読する機会に恵まれました。「学校から社会へ」「子どもから大人へ」の二重のトランジション（移行）が専攻科の教育であるとまとめられた事に感激しました。この発表はわが国の専攻科教育を社会化するものであり、今後専攻科設置校が全国的に増えることに期待しました。その後、二〇〇六年に鳥取大学附属特別支援学校に国公立で初めて専攻科が開設され、二〇〇八年に光の村養護学校秩父自然学園が開設されました。

私は現在縁あって若葉高等学園で月二回ほど授業に参加するようになり、専攻科の教育のあり方を議論するようになりました。若葉高等学園に送られた全国専攻科特別ニーズ教育研究集会（以下、全専研）のパンフレットを見て、大出校長と共に参加するようになり、各種学校やＮＰＯ法人での青年期・成人期の学びを保障している学校に加えて〝福祉型専攻科〟という障がい福祉サービスの自立訓練事業の二年間と就労移行支援事業の二年間の四年間を学びの場としている事業所が全国各地に広がっていることを知りました。学校を卒業後も学びたい青年の声を直接聞き、第一三回全専研の日本福祉大学の伊藤修毅先生の記念講演で「専攻科の教育は学校教育法一条校（特別支援学校）で行うのが望ましい」という話を伺い、二〇一七年一二月に愛知県立大学で行われた第一四回全専研大会での福祉型専攻科を主宰している方から「福祉型専攻科が今日あるのは、特別支援学校に専攻科があったからです」という発言を伺い、改めて私立特別支援学校の先駆性を感じると共に、特別支援学校の専攻科における学びをクローズアップする必要性を感じました。当教育実践交流会の企画を関係者に相談して今回の開催に至りました。

特別支援学校に在籍して学ぶ人たちは限られており、特別支援学校の専攻科で学びたいと願っている人たちすべてが学べるような体制をつくるためにも、当教育実践交流会での活発な議論を期待しております。そして、明日からの各校での専攻科生への最善の教育支援を目指して頑張っていきましょう。

第二回は三愛学舎でおこない、第三回は聖母の家学園を予定していたが、新型コロナウイルス感染症の蔓延で翌年に延期された。二〇二一年八月にｚｏｏｍによる教育実践交流会を開いたが、参加校のそれぞれの教育実践の報告には、専攻科で成長する青年の姿があり、専攻科の教育の必要性を参加校で共有でき、有意義な研修会になった。「知的障がい」を以前は「遅れのある」と表現していたが、それは「ゆっくり育っていく」ということであり、多くの特別支援学校に専攻科を設置することを奨励する資料になるだろう。

視覚障がい・聴覚障がいの特別支援学校専攻科

盲学校や聾学校には早くから専攻科が設置されている。学校教育法第五十八条には次のような規定がある。

第五十八条　高等学校には、専攻科及び別科を置くことができる。

2　高等学校の専攻科は、高等学校若しくはこれに準ずる学校若しくは中等教育学校を卒業した者又は文部科学大臣の定めるところにより、これと同等以上の学力があると認められた者に対して、精深な程度において、特別の事項を教授し、その研究を指導することを目的とし、その修業年限は、一年以上とする。

3　高等学校の別科は、前条に規定する入学資格を有する者に対して、簡易な程度において、特別の技能教育を施すことを目的とし、その修業年限は、一年以上とする。

第五十八条の二　高等学校の専攻科の課程（修業年限が二年以上であることその他の文部科学大臣の定める基準を満たすものに限る。）を修了した者（第九十条第一項に規定する者に限る。）は、文部科学大臣の定めるところにより、大学に編入学することができる。

とあり、それにともない学習指導要領が定められているが、二〇一九年度の改訂特別支援学校高等部学習指導要領の第七款に専攻科の事項がある。

一　視覚障害者又は聴覚障害者である生徒に対する教育を行う特別支援学校の専攻科における教科及び科目のうち標準的なものは、次の表（略）に掲げるとおりである。

視覚障害者又は聴覚障害者である生徒に対する教育を行う特別支援学校においては、必要がある場合には同表に掲げる教科について、これらに属する科目以外の科目を設けることができる。

とされ、視覚障がい特別支援学校には保健理療（理療とは、東洋医療のあん摩、マッサージ指圧、はり、灸の総称）、理療、理学療法があり、二〇二〇年度は一九〇名が学んでいる。聴覚障がい特別支援学校には理容・美容、歯科技工を教科として、必要な科目を定め、同じ年度に一〇九名が学んでいる。職業的自立をめざして、国家資格を取得するための専攻科の教育課程である。

知的障がいにはさまざまな知識や技能の習得は難しい。しかし、教育基本法の目的に「教育は、人格の完成を目指し、平和で民主的な国家及び社会の形成者として必要な資質を備えた心身ともに健康な国民の育成を期して行われなければならない。」とあり、それを知的障がい児教育に照らしてみれば、専攻科の教育には意義があるのである。三愛学舎の澤谷常清《さわたにつねきよ》校長は、長年にわたって専攻科での教育実践に取り組み、卒業生の追跡調査もおこなっている。第二回の専攻科教育実践交流会で「専攻科の教育を受けた卒業生は、就職しても離職率が低い。離職したとしても立ち直りが早く再就職している」とまとめている。これは自我をしっかりと形成し、自分の判断で物事に対処できる力がついた証であり、教育基本法でいう「人格の完成」に近づいてきた姿であると思う。

三木安正が学校教育法の制定にあたって「準ずる教育」ではなく「最も適切な教育」が必要、と主張していたが、そのような制度設計であったならば特別支援学校に専攻科はもっと普及していたのではないかと思う。

国公立の特別支援学校と私立の特別支援学校

ここで、国公立と私立の特別支援学校の役割分担についてふれておきたい。国立の特別支援学校は国の施策をいち早く取り入れ、教育効果のエビデンスを確かめる役目がある。公立の特別支援学校は国立で示された学校教育の体系・体制を全国に普及させる役目があると考えられている。私立の学校は創設者が時代や社会の背景を鑑み、障がい児とその保護者の教育ニーズを分析して建学にいたる。所轄庁に認可申請すると、私立学校審議会での議決を経て、設立の承認が得られる。その施設や整備、当面の運営費は学校法人が用立てするわけで、経済的負担は大変であるが、ニーズに応じた教育ができる。つまり、自主性や自由度が高い学校といえる。

私立学校には定員が設けられ、その範囲内の幼児児童生徒の募集になるわけだが、前述したように多くの公的機関では入学相談時に私立特別支援学校の紹介はない。保護者の「公立特別支援学校のほかにはないのですか」という質問があって、初めて私立の特別支援学校の存在を紹介している現状がある。

学校への入学は、本人と保護者の学校見学からはじまる。私立学校の場合は、授業料などもあるので十分に説明して、本人並びに保護者が納得したうえでの入学手続きになる。加えて、学校側も入学後に確かな成長・発達の見通しがあるかどうかという基準から判断して、入学を許可する。

学校教育は教職員の力によるところが大きい。教員を採用する際には教員免許状の所持はもちろんであるが私学は他校への異動がなく、長期にわたって生徒の成長をみ続けることになるので「子どもへの愛情の深い人」をまず優先して選ぶ必要があろう。採用された教員は、教育目標を達成するための内容や方法（教育課程）、「個別の教育支援計画」や「個別の指導計画」の情報を共有して日々の教育実践がおこなわれることになる。チーム・ティーチングといっても、各教員がそれぞれの担当する幼児児童生徒に対して個別の教育支援計画に基づく働きかけ（アクション）があり、担当児の反応（リアクション）がある。そのやりとりで授業は展開して終了する。教員は授業終了後に振り返りをし、担当児の様子の評価を報告し、その情報を教員間で共有する。その上で次の授業計画へと進むわけだが、このＰＤＣＡのサイクルを日常的におこなうことによって教員の専門性が高められる。繰り返しになるが、「できないこと」「わからないこと」を児童生徒のせいにするのではなく、教員側の内容や方法に工夫と研究が不足しているのではないかと反省する姿勢を三木安正は「子どもから学ぶ」といっているが、教員の専門性を語るときには強調すべきであろう。

私立特別支援学校は金銭的な経営を考えなければならない。安定した運営には、一定数の幼児児童生徒の確保は欠かせない。それはよい教育をしなければ入学者には結びつかないという意味を含んでいるわけで、私立特別支援学校は教育の質と学校経営の両輪をまわしながら運営しているところに特徴がある。

一年を振り返ると児童生徒一人ひとりの成長・発達が確かめられ、本人と保護者、教職員がともに喜び合い、進級や進学をして次年度の目標に向かう。それぞれの年月の教育期間を全うして、それぞれの進路を見出し、学校から巣立っていく。学校は人生の通過点であることに改めて気づく。その卒業生に相応しい進路先がみつからないということで福祉事業をはじめた私立特別支援学校は旭出学園を含めて多い。これも教育に責任を持つという表れであるが、三木は「福祉というのは目標であって、教育というのはそれを達成する手段である」と述べているが、筆者もその気持ちで取り組んでいきたい。

第三章

三木安正の業績と旭出学園・教育研究所の設立

第一節　三木安正の生涯と業績

前章で私立特別支援学校について触れてきたが、そこでは言及しなかった旭出学園は、知的障がい児の特別支援学校として草分け的な役割を果たしている。その創立にかかわったのが、三木安正である。三木は旭出学園だけではなく、戦後の特殊教育、特別支援教育のほか幼児教育、双生児研究などに多大なる貢献をしてきた。一九八〇年（昭和五五）一月に朝日賞を受賞し、八二年四月に勲二等瑞宝章を受章している。朝日賞は「学術等の分野で傑出した業績をあげ、わが国の文化、社会の発展、向上に多大の貢献」という理由での受賞であり、筆者らは三木の仕事について後世に伝える責務を感じている。叙勲のお祝いの返礼として用意した自叙伝ともいうべき『残されている夢』は、当時の旭出学園印刷科で印刷したもので、『三木安正著作集　全七巻』（学術出版会）などに再録されている。

三木安正という人物

三木は一九一一年（明治四四）に文京区小石川で生まれた。私学開成中学校での楽しい思い出を語るとともに、「要するに、中学校時代は、いろいろな経験を積み、友人関係を豊かにし、教養を高めるとともに、その心棒となるものを育成していくなど、人間的成長にとって大切な時期であるが、開成で学んだもので最も重要なものは何であったろうかと考えてみると、その心棒となるもの〝なにくそ〟という頑張りの精神、自由で自主的な思考ということではないかと思う」と述べ、「その点で現在の六・三・三・四制というシステムで進学に追われる状態で進められているのでは、人間の心棒を作るのに問題があると思う」と指摘している。旭出学園の運営でも「自由で自主的な思考」を生涯貫いていた先生であった。

三木安正（1980年朝日賞受賞時）

その後、医学志望で受験したが叶わず、一年浪人生活を送り、猛勉強の末に新入生総代で姫路高等学校に入学する。心理学の専攻を決めていた三木は、高校の先生にお願いして空き教室に「心理学実験室」をつくり、カギを預かって自由に使っていたようである。

東京帝国大学の文学部心理学科を志望するが、「心理学科の定員は一〇名で受験者が同数だったので無試験で合格した」とある。大学では、多くの師や先輩、同輩、後輩に出会い、『大きさの恒常現象』という卒業論文を仕上げる。後述する梅津八三副手（旧制大学等の助手または助教の下にいて研究室の仕事などを補助する人）との親交は深かった。

一九三六年（昭和一一）に大学を卒業するとともに大学院に進学し、同年に開所する医学部脳研究室の研究生になる。そこでの経験として「附属病院の小児科などから回されてくる患者もあって、いろいろの障害児を見ることになり、世の中にこんなにも沢山のさまざまの障害をもった子どもがいるのかとびっくりした」と述べている。さらに「東京市内の不就学児童の調査を行い、各区を巡って一、〇〇〇名以上の児童を調べたが、その結果、不就学児童の大部分は精神発達に障害がある児童で、その殆どが教育を受けるところがないための不就学であることがはっきりした。これは何とかしなければと思ったのが、私が特殊教育に足をつっこむようになったきっかけである」とも述べている。

城戸幡太郎が主宰していた「保育問題研究会」に関わったり、アイヌの調査にも加わったりしていた。一九三八年（昭和一三）九月に愛育研究所の第二研究室（異常児）の室長になり、「精神障害幼児の研究ということにし、その研究のためには実践的研究をすべきであるから、その研究の場をつくるために「異常児保育室」を開く」ことにした。ここに、現在の旭出学園教育研究所（後述）の「教育の実践には研究の裏づけが必要であり、また心理、教育の研究は実践に役立つものでなくてはならない」という理念の源流をみる。愛育研究所では顧問であった倉橋惣三（一八八二〜一九五五）との接点もあった。

このような履歴のある三木は、戦後に文部・厚生両省の仕事で大活躍をする。一九四七年（昭和二二）七月から五一年六月までの四年間を文部省に勤め、その後東京大学で勤務した。文部省では、第一章で触れた「品川区立大崎中学校分教場」での実験学級を主宰して、のちの養護学校の道を拓いた。このとき、特殊教育の講習会を開催して教員の育成もおこなっている。学校教育法に幼稚園も含むようになったため、当時教育研修所にあった実験幼稚園の行き先を検討し、私立白金幼稚園の発足にも尽力した。さらに厚生省の仕事にも関わり、児童福祉法の文案作成の手伝いもしている。

一九四八年に東京教育大学（現・筑波大学）に特殊教育学科が新設されたが、盲学校の「理療科」認定については、次のような逸話を記している。

文部省にいた時の仕事としては昭和二十三年四月から義務制になった盲聾学校の準備のこととともに、それまで東京盲学校、東京聾学校の教員養成部で行われていた教員養成をどうするかという問題があった。教育職員免許法の制定（昭和二十四年五月）によって教員免許は大学卒でなければ受けられないことになるので、従来の盲学校、聾学校にあった養成所では駄目である。そこで、それをどこにもっていくかということ、養成所をどこかの大学に移管するとしても、その教官をだれにするかということ、教員養成のカリキュラムのことなどが問題である。大学にといっても盲学校、聾学校の養成所を一挙に大学にすることはできない。そこで東京盲学校を東京盲教育学校という名称にして一段格上げしたような形にし、暫定的に教員養成をすることを認めてもらった。それをどこに身売りするかについては、私は医学部があるということで東大に引き受けてもらえないかと考え南原総長にお目にかかったが、東大はもう規模が大きすぎると言われて断られ、結局東京教育大学に移管して、特殊教育学科を新設するとともに盲学校、聾学校は附属学校とすることになった。そこで従来養成所で教官をしていた人で特殊教育学科の助教授または教授になってもらう人の資格があるかどうかということの認定が難しい問題であった。そして、それに関連して、例えば盲学校では「はり」「きゅう」など教えているが、その教員を養成する特殊教育学科のカリキュラムが問題になる。文部省で案を作ってＣ・Ｉ・Ｅ（筆者注：連合国総司令部民間情報教育局の略称で文部行政を管轄していたところ）にもっていったところ、盲人の理療科の先生が、盲人の学生に「はり」「きゅう」を教え、それがやがて患者に「はり」「きゅう」の治療をするということにC・I・Eは危惧を感じ、一時はやめた方がよいのではないかということも言われた。そこで、もし盲人の職業教育として「はり」「きゅう」というようなものができなくなったら大変なことになると思い、「はり」をさす場所をきめるのは眼で見てきめるのではなく、指先でさぐってきめるのであって、そうしたことは晴眼者より盲人が優れている、というようなことを一生懸命説明した。そうしたら、そういう療法は利くのか、あなたはそれで病気を治してもらったことがあるか等と追求してくる。私も一度ぐらい「はり」をしてもらった程度であるが、それは利きますと断言し、どうやら「理療科」を認めてくれた。

一九四九年には、全日本特殊教育研究連盟を創設し、五三年初代の理事長に就任する。同連盟は、現在は全日本特別支援教育研究連盟として、全国の特別支援教育の担い手の教育実践や研究などの情報を交換し、機関誌を発行している。五二年には「手をつなぐ親の会」(現・全国手をつなぐ育成会連合会)の発足に糸賀一雄や辻村泰男らとともに関わり、組織化している。五九年には教育心理学会の発足に貢献している。

梅津八三は盲聾唖教育の第一人者であり、その取り組みの様子を三木の文章から紹介しておく。

当時の文学部の心理学科の梅津八三教授のお手伝いで、山梨県立盲学校にいた二人の盲聾唖児の教育研究であった。（中略）私は生活指導を担当するということであったが、十六ミリ映画の撮影が主たる役割であった。行動観察記録をとることである。

梅津教授はまず点字を学習させるために形体や位置の弁別の訓練をし、点の配列による点字によって物に名称があることを教え、点字を使えるようになって、言語を音声で表現する訓練にうつった。そのためには紙を切り抜いた口形と自分の口の形とのマッチング、息を吹く練習、筋肉を緊張させる練習を積んでいき、最後にアの口形をして、のどの筋肉を緊張させ、息を出すという三つのことを同時にするように指示する。これは非常にむずかしく一か月かかっても成功しないので、子どもの方も荒れ気味になった。もはや不可能かと思ったころ、ある日突然〝あ〟の発音ができた。たまたま私が撮影していた時であり、テープレコーダーで録音もしていたのでその一瞬をとらえることができた。ついで、方向知覚、空間知覚、歩行訓練、日常生活訓練等々の他、数学の学習などもすすめ、彼らの生活経験もひろがっていった。ヘレン・ケラーの教育をしたサリバン先生の苦心も大変だったと思うが、梅津教授の場合は指導計画を立て、順を追って訓練し、その過程のデータがとってあるのだから、世界にも類のないものといえよう。

東大での最後の仕事が視覚障がい者の入学試験方法をきめることであった。当時の加藤総長は法学者であり、〝盲人の入学を拒否する理由はない〟ということで、「身体障害者検討委員会委員長の委嘱」を受けた。三木は「私どもは、盲人を受け入れるには盲人にそれだけの資質があればよいので、入学試験もその資質が見られればよいと思う」との考えで進め、入試要項を作成した。

そして、一九七二年(昭和四七)三月三一日に東京大学を定年退職し、四月から旭出学園の専任の校長になった。三木の唱えた「卒業のない学園」を実現するために卒業後の生活と働く場として福祉施設をつくったことについては、次節以降で詳しく述べる。

三木安正の業績

戦後の特殊教育の体制づくりに対する三木の業績は大きいが、その一つである旭出学園の教職員に関する専門性の向上について触れておく。入職した教職員には一九六六年初版の『精神薄弱児の教育』（東京大学出版会〈絶版〉）が配付された。三木安正編の本書は上出弘之、山口薫、杉田裕が執筆しており、これらの執筆者は、当時の特殊教育の分野では先端をはしる研究者たちであった。上出は児童精神医学者として活躍し、社会福祉法人大泉旭出学園の元理事長でもあり、旭出学園の理事や校医も担っていた。山口は応用行動分析やポーテージプログラムをわが国に紹介し、旭出学園の理事でもあった。杉田は三木とともに一九三五年にアメリカのドル博士が著した『ヴァインランド社会的成熟尺度』を五九年に日本語に翻訳し、日本版『社会生活能力検査』を発刊している。これが、八〇年の教育研究所の『新版 S－M社会生活能力検査』の発行につながる。

『精神薄弱児の教育』のまえがきに三木は、次のように述べている。

精神薄弱児の教育は、わが国でも七〇余年の歴史があるが、それは長い間の日陰の歩みであった。それが教育の表街道にでてきたのは、終戦後、新しい憲法によって基本的人権の尊重が打ち出され〝国民はひとしくその能力に応じて教育をうける権利を有する〟ことが宣明されてからである。このことは学校教育体系の新しい展開をもたらすとともに、教育の基本的理念を変えてゆくべきものになるわけである。かつての教育は一部の特権階級のためのものであったが、次第に階層や経済事情のための障壁はとりはらわれてきた。しかし、教育が富国強兵のもとと考えられたり、個人の立身出世のためと考えられたりするようになったため、発達遅滞や心身障害のある者は、依然として教育の圏外におかれていたわけである。彼らは教育しても上述のような効果はないものと考えられていたためである。

本書は半世紀以上前の刊行物であるが、わが国の障がい児教育の歴史を知るうえでも参考になるので紹介した。これによって、筆者らは時代における教職員の使命を感じ、その後の教員人生における「障がい児者とともに」という考えの基礎になっている。

三木がわが国に与えた影響は、晩年の役職（表1）をみれば明らかであろう。

これ以降の三木が特別支援教育に果たした役割は、旭出学園の発展とともにあったともいえる。次節以降、旭出学園の設立から辿ることで、三木の足跡も辿ることにしたい。

表1　三木安正が関わった主な役職

期間	役職
1953～84年	全日本特殊教育研究連盟理事長
1970～84年	旭出養護学校長
1972～84年	国立特殊教育総合研究所運営委員
1972～84年	社会福祉法人富士旭出学園理事
1974～84年	社会福祉法人大泉旭出学園理事長
1977～84年	学校法人白金幼稚園理事長
1979～84年	日本精神薄弱研究協会会長
1979～84年	日本精神薄弱者福祉連盟理事長
1981～84年	学校法人旭出学園理事

第二節　旭出学園の設立と発展

旭出学園の発足

一九五〇年（昭和二五）に創立した旭出学園について、三木は次のように述べている。

東京・目白に住んでおられた徳川さんに知能的障害のあるお子さんがいた。徳川夫人は、そのお子さんの教育について非常に心を使っておられ、当時、徳川家の財務に関する仕事をされていた倉橋正雄氏と相談され、正雄氏は父君惣三氏に話をもっていかれた。倉橋惣三先生は人も知るようにわが国の幼児の教育界の泰斗、現在のお茶の水女子大学の前身の東京女子高等師範学校の教授で、同校附属の幼稚園長を長くつとめた方である。そこから話が私の方にきたわけであるが、私と倉橋先生との関係は、戦前、私が愛育研究所に勤務していた時に、先生は顧問としてときどき研究所に来られ、指導を受けたという間柄である。

かくして、倉橋正雄氏を仲介として徳川夫人にお目にかかったのが、昭和二十三年の九月ごろであったと思う。当時徳川君の家庭教師をしていた坂本豊先生も一緒であった。

その後、何回かの会談で、徳川君の教育の場を他に求めることがむずかしいことから、自分たちで小さな学校をつくってみようということになり、その設立計画がいろいろ考えられたが、結局、まず小規模のもので始めようということになり、目白の徳川邸の一隅に、約四〇〇平方メートルの敷地に九三平方メートルの園舎を建てて、昭和二十五年四月に開園することになった。

ところで、この話を受けて立った私の方の考え方は次のようなものであった。

前述したように、愛育研究所で異常児保育室を試みたり、教育研修所内で実験学級を開設したりしたが、やがて何らかの形で、そこを離れていかなければならない。そこで私は私なりに自分の考え方で長期的に経営できる学校があればということが心の隅にあった。そして、実際の教育の場をもたなければ研究はできないというのが、愛育研究所と教育研修所との経験から私の頭に焼きついたことであった。そこで、自分のものをということになるわけであるが、徳川夫人からの申し出にこたえるにあたって、まず第一に出した条件は、徳川少年のための御学問所を作るのではない、したがって、徳川夫人からは場所を提供してもらい、かつ当初の園舎を建ててもらい、必要な設備を支出してもらうが、あとは一人の父兄として参加してもらうということであった。そして当初の園児募集に応じて集まってきた人たち十余名の父兄が、同等の資格で学園運営に参加するということになった。

私としては、そうした子どもさんたちが、どのように成長していくか、また成長とともにどのような生活の場と指導が必要であるかをみていきたいので、この学園はその必要に応じて変容していかなければならない。そのために、固定的な学校をつくるというのではなく、対象者の側のニードに応じて学園も成長していくものでなければならないという意味で「卒業のない学園」をつくろう。そして、そういう学園を実現するためには、精神的にも経済的にも「父兄の協力する学園」でなければならないということを考え、徳川家の同意及び入園してきた子どもの父兄の了解をとって、学園を経営してきた。

（『残されている夢』）

旭出学園の創立者は三木安正と徳川正子夫人となっている。正子夫人は自分の宝石（テ

目白時代の登園のようす

ィアラ）を徳川関連の会社に売却して九二㎡の園舎を完成させた。学園の名前は目白の徳川邸辺りの古い地名「字《あざ》旭出」から引用して「旭出学園」とした。園児募集は大学や研究所、病院等にお願いして紹介してもらい、愛育研究所の先生方や東大の学生に協力を得て、愛育研究所で面接や行動観察などをおこない、一四名（一人辞退）が合格して私塾として始まった。

ご子息である徳川五郎太はその数年後に、自立心を高めるために信楽《しがらき》学園に移り、富士旭出学園の開園後の一九七五年に再び旭出関連の学園に移った。「温厚で、社交的であり、学園を訪れた外国の見学者にもフレンドリーに接するという国際人であった」と山川忠洋理事長（当時）は振り返る。二〇〇一年六月に逝去し、六一年の生涯であった。

作業学習の開始

三木の旭出学園の教育プログラムに「生産人としての自覚」という項目がある。一般的には「作業学習」というが、具体性があり、それぞれの力に応じて役割を分担して物づくりができることから知的障がい児には適切な指導内容であった。

開園当時の子どもの年齢は七歳から一三歳という幅があったことから、中学部の年齢に達した子を対象に作業学習を始めた。一九五三年（昭和二八）一二月に豊島区椎名町の風間氏宅地内に約六〇㎡の手芸教室を建築して、機織りの作業を始める。五六年一一月に機織り作品の「月と太陽と飛行機」が日展に初入選し、雑誌にも取り上げられて話題になった。その後も二度ほど日展に入選している。現在の特別支援学校ではおこなっていないが、糸の染織から製品作りまでの全工程を旭出生産福祉園や大利根旭出福祉園で引き続きおこなっている。

一九五四年（昭和二九）には児童生徒も増え、同年一〇月に目白の校舎に二階を増築して二教室を増やした。一教室では三木のデザインによる木製の連結汽車の玩具作業が始まる。材料は静岡県島田市の木工所から取り寄せ、学内で製造してフレーベル館で委託販売した。筆者は一九七三年から約一四年間、この玩具作業に関わった。「染め」「磨き」「組立」「塗装」などの作業工程があり、生徒はそれぞれの得意とする作業を担当して取り組んだ。物を作るというのは、具体的な活動でわかりやすく、行動の目標がみえやすい。また、作業の動作の修正も伝わりやすいことなどから、知的障がい児には適切な学習であることを体験した。作業学習のもっともよいところは、物を作り「できた！」という達成感・成就感を得られることであり、周囲から「よくやったね」とほめられることで自己肯定感が形成されることである。中学部は思春期の時期であり、心身ともに悩む大人への移行期の生徒にとって作業学習は〝大人の働く姿の疑似体験〟をする意味でも効果的である。学習終了時には反省会をおこない、生徒一人ひとりが頑張ったことをほめたたえた。各生徒が輝く時間であった。

一九七九年の養護学校学習指導要領の改訂により「交流教育」が盛り込まれたがその前年に、東京・目黒にある駒場幼稚園との交流会がはじまった。園児の前で生徒たちが手作りした作業工程の紙芝居を読んだり実演したりして張り切る姿もみられ、この交流会は約一〇年続いた。

この交流会で障がいについて関心を持った園児が成人して、医学部へ進んだ話を当時の園長から聞いたこともあった。これも交流教育の成果が出た一例であろう。

「共同学習と交流教育」が示されるようになって、二〇〇〇年九月から練馬区立南大泉小学校との交流学習がはじまり、障がい児が輝く活動である作業学習を小学生がともに体験することで障がい児への理解も深められている。

寄宿舎の必要性

校舎の増築工事にともなって、一九五四年（昭和二九）八月から一ヵ月間、千葉県保田《ほた》のYMCAの海の家を借りて夏の合宿をおこなうことになった。学園には過保護な家庭が多かったようで、心配する保護者には「保田だより」を発行して合宿所の子どもの様子を伝えることとした。合宿が終了した後には、「子どもはしっかりしてきたし、親たちも子どもを家庭から離してみようと本気で考える」ようになったという感想もあった。父親の間では学園を盛り上げようということで「父の会」が結成され、寄宿舎の建設計画を機に「旭出学園総合建設基金」が設立された。これは学校の法人化の動きとも関係している。

一九五六年（昭和三一）に練馬区仲町に土地一三〇〇㎡を購入して、寄宿舎「つくし寮」を建設する。さらに、練馬区東大泉に約一万㎡の土地を購入して、練馬区仲町の「つくし寮」を移築し、職員寮とした。一二月に寄宿舎「やよい寮」を落成し、六七年五月に日本自転車振興会（現・公益財団法人ＪＫＡ）の補助を受けて寄宿舎「さつき寮」を落成している。

三木は保田の夏合宿の子どもたちの成長と持論の生活教育にもとづいて、寄宿舎の教育的意義を唱え、『寮の教育』（旭出学園教育双書）のなかで「教育とは生活というものを基盤とし、生活を通じて生活のできる人間をつくるという考え方をしてきたので、寮はそのための重要な教育の場でなければならない」「生活教育の場としては学校より寄宿寮の方を充実したものとすべきである」と記している。この考えは、現在でも学校法人明和学園の遠藤正敬理事長が引用して文部科学省に説明している。

筆者も入職してから約一〇年間、寮の手伝いをしていた。当時は成人もいたので、青年学級（日曜日の夕刻に選挙の学習や余暇活動の企画・運営など）の活動にも参加した。日曜日返上の余暇活動であったが、知的障がい者自身の言い分を傾聴することの重要性に気づかされるなど、多くの学びがあった。自我形成を「自分らしさ」の形成といってもよいと思うが、それには「意思表示」が基本になることも学んだ。

コラム

● 後援会の発足

旭出学園の後援会は、一九五四年（昭和二九）一〇月に石川榮耀、海後《かいご》宗臣《ときおみ》、川喜多かしこ、田島道治、田中峯子、長沼直兄、野村胡堂、前田多門、松平信子、武者小路実篤、森村義行の方々を発起人として発足した。『旭出だより』の題字と万年青《おもと》の絵は、発起人の一人である武者小路実篤から六八年に贈られたものだが、万年青の花言葉は「長寿」とのことである。発足当時は一〇〇万円の寄付や五〇〇万円の寄付の記録があるが、昔からさまざまな方々の協力や浄財によって旭出学園は支えられてきている。

後援会の活動としては、かつては映画会、アマチュアの奇術団による「奇術を楽しむ会」、観世流、宝生流による「能と狂言の夕べ」、チャリティーゴルフコンペなどを活発におこなっていた。

一九七四年（昭和四九）に社会福祉法人大泉旭出学園が設立された。法人が別になったことで、後援会は分離された。後援会の寄付者にとってみれば、学校と福祉園が一体であるのが旭出学園という意識があり、分離された当初は混乱することもあった。後援会分離後の学校では、入学説明会の折に後援会の意義を説明したうえで加入をお願いしている。

二〇一五年（平成二七）に大口の寄付を得たことから、さつき寮をリニューアルして「まきの館」が落成し、高等部が使用するようになった。小規模校の特別支援学校にはありがたいことである。

学校法人の旭出学園後援会の会員数は約一七〇名（二〇二四年六月現在）で、会員数は減少傾向にある。後援会組織のある私立特別支援学校も多いが、会員の拡充には苦労しているようである。

学校の法人化

一九五八年（昭和三三）に各種学校「練馬生活学園」として準学校法人になり、理事長に原安三郎が就任した。六〇年五月に学校法人旭出学園旭出養護学校（小・中・高等部）になる。理事長には引き続き原安三郎が就任し、初代校長に衣笠愼之助が就任する。学校法人になるまでを坂本豊は以下のように述べている。

旭出学園は全く私的な施設として発足したのであるが、園児の成長に伴って学園が

大泉への移転前の地鎮祭

次第に発展するにつれて資産をもつようになったので、その所有者をはっきりさせなければならなくなり、また免税措置や寄付金募集の際に有利な条件を得られるようにするため、法人格をもつ必要が起こってきた。

そこで、学園を児童福祉法による施設として社会福祉法人にするか、学校法人にするかについて、いろいろ検討したが、自主的な教育活動のしやすい学校法人とする方がよいという結論になった。

しかし、練馬仲町の土地建物では正式な学校（養護学校）とする基準に達していないので、とりあえず、各種学校としての認可を受け、中学以上の年齢の者を生徒とした練馬生活学園を設立した。（中略）昭和三三年に一応法人格を得たものの、各種学校では国や公共団体からの助成は得られないし、寄付金や資産に対する免税などの特典もないので、これからの発展のためには、正式な養護学校にしなければならないということになった。しかし、それには、その設置基準に応じる施設・設備や教員組織が整わなければならない。

（旭出学園四十周年記念『あゆみ』一九九〇年）

旭出学園の歴史も順風満帆ではなく、学校法人化と社会福祉法人化で齟齬が生じ、別れていった人たちもいた。

三木は「卒業のない学園」を実現するための構想ともいうべき「旭出学園組織図」を示し、今は学校法人であるが、将来社会福祉法人の施設をつくるという構想を示していた。

コラム

●学園三大行事

創立当時から日常の教育活動に潤いを与える学校行事は大切にしてきた。創立して一年後には運動会をおこない、三年後に創立記念式「若葉のつどい」を実施している。現在は創立記念式を「青葉のつどい」と呼んでいるが、初期の創立記念式には徳川正子夫人の実姉の秩父宮妃殿下もお見えになっていた。

「青葉のつどい」「運動会」「勤労感謝祭」は三大行事として、学校と福祉園の合同行事になっている。勤労感謝祭は作業学習や生産教育を教育の柱にしている学園では、最も力を入れている行事であり、一一月二三日の「勤労感謝の日」に開催していた。学校五日制が話題になった頃からは日・祭日の開催は控えるようになったが、生徒にとっても事前の準備から事後学習まで楽しくもあり、忙しい活動である。当日の式典で中学部、高等部、専攻科、福祉園で作業に励んで取り組んだ数人に〝勤労賞〟を授与しているが、これを励みに頑張る生徒や利用者もいた。保護者や関連施設、卒業生の進路先の事業所などの協力で、模擬店やバザー、ゲームコーナーなどが出店され、労働をみんなで祝う。一九八〇年代には職員でアトラクションとして、秋田の「竿灯まつり」などを披露したこともある。

行事を含む教育活動は、教員自らが楽しまなければ生徒には伝わらない。楽しい活動にするには教員も生徒も主体的に関わり、教員は活動の趣旨に沿って創意工夫した内容や方法をチームで検討して、生徒に示すことが重要である。その時の生徒の反応によって教育支援の適切さが明らかになる。行事による教育は比較的短期間で教育の成果が表れるものといえるのだ。こうしたことがある程度自由におこなえる私学は、教育の自由度が高く、チームが一丸となって取り組めることが魅力といえるだろう。

生産部の設置と富士旭出学園の開園

一九六〇年（昭和三五）に高等部一年に入学した生徒は六三年三月に卒業する。一般就労をする者もいたが、「卒業のない学園」の理念のもとに生産部を設置して引き続き学園生活を送る卒業生もいた。生産部では、印刷、スペーサーブロック製造、機織り作業、タイル工芸、絵の具のチューブ詰め、製函、木工の作業をおこなっていた。生産部生の家庭からは維持費を納めてもらい、本人には報奨金を渡して、作業に対する意欲と労働の価値を自覚させるようにしていた。生産部の生徒は年々増えていき、一九七〇年には小学部から高等部の人数は六四名、生産部生は三八名になっていた。三木は卒業者の生活の保障の面からも、社会福祉法人の事業の現実度が高まったとして土地探しを始めた。

一九七〇年（昭和四五）に静岡県富士宮市の山川斌《たけし》市長が三木の構想に共鳴し、「牧草地で周囲は植林してあり、富士山の頂上まで樹木の他は何もない」という四万五〇〇〇㎡の土地を無償で貸してもらえることになった。建設費は国や静岡県の補助金、財界からの寄付を集めて調達し、七二年に社会福祉法人富士旭出学園の富士厚生園を開園することになり、園長には山川忠洋が就任した（現・同法人理事長）。七五年には富士清心園を開園し、その後ニーズに応じた事業を展開している。

当時の法律では援護施設は授産施設と更生施設に分かれており、利用者と職員の比率は、授産施設が七・五対一、更生施設が四・三対一であったと記憶している。富士厚生園は東京都の都外施設ということで東京都の枠として二〇人あったが、学園の生産部から移籍する者は五名と少なく、生産部の在籍者の過多の課題は残っていた。

二つの社会福祉法人の設立と学校

三木の施設に対する考えは、「単に彼らは社会に出て就職して働いていくことが困難だから、作業を与えて賃金を得させる場所であるとは考えたくない。彼らにとって本当に生活できるところ、言い換えれば精神薄弱者を主体とした小社会をつくる必要があるが、そうした社会をつくるには現在の法律、制度のもとでは精神薄弱者福祉法による精神薄弱者援護施設を活用するほかに道がないので、その施設の規模に叶うものをつくろうと考えたわけである」（『残されている夢』）という記述から知ることができる。

田園的な施設として富士旭出学園ができたが、生産部での作業種目を継続的におこなえる施設として目をつけたのが学園の隣接地にある竹中土木の資材置き場であった。その移転の話を聞いた三木は竹中工務店に譲渡の交渉をおこない、一九七四年四月に社会福祉法人大泉旭出学園、旭出生産福祉園を開園した。

当時の学園の生産部は「科」に分かれていて、建材科（一〇名）、紙工科（一二名）、木工科（四名）、木材工芸科（四名）、軽作業科（八名）、タイル工芸科（八名）、染織工芸科（八名）、印刷科（四名）の計四八名が在籍していたが、全員が生産福祉園へ移籍することになった。旭出生産福祉園は当面は通所者のみで始まったため、地方出身者や通所困難な人は学校の寄宿舎を利用していた。旭出生産福祉園の入所棟は一九七六年（昭和五一）にでき、学校の寄宿舎利用者は入所棟へ移っていった。

筆者は一九七二年に入職して生産部紙工科（製函作業など）の担当になり、職員寮に住んでいた。寄宿寮の男子の入浴時には指導員としての役目もあり、一緒に浴室に入って、てんかん発作などによる事故のないように安全面に配慮しながら、年少児の頭髪や体の洗浄の支援に当たった。体を洗うことの自立、着替え、食事などの身辺生活の自立までのプロセスや支援法などを学ぶよい機会であった。

福祉園の開園とともに教職員も異動していき、学校の教職員構成は管理職を除けば五年以下の教育経験者になり、筆者を含め若い教員は小・中・高等部の一貫した教育を一層強化しようという気持ちを抱いた。東京都は養護学校の希望者全入が一九七四年（昭和四九）

四月から始まっていた。

幼稚部と専攻科の設置

一九七九年（昭和五四）四月から養護学校義務制が実施されることが決まっていた。併設する教育研究所（後述）には早期療育・教育の要望もあり、三、四歳の相談も増えてきていた。そのニーズに応じようと、幼稚部（四、五歳児）二年間、定員五名の設置と、高等部本科の上に専攻科三年間、定員一学年一〇名の設置の認可を東京都に申請し、同年一〇月に認可された。

幼稚部の入学者は、小学部の日課で過ごせる程度の体力がある幼児を受け入れることとして、小学部の低学年の学級で過ごした。幼稚部は開設して四五年になるが、これまでに受け入れた幼児はわずか五名である。保育所でも幼稚園でも統合保育が進められていた時代でもあった。

専攻科の教育は高等部本科よりも作業時間数を多くして、①福祉園への入所まで継続した教育をおこなう、②専攻科在学中に一般就労をめざす、③社会に巣立った卒業生がつまずいたときの再教育という三つの機能をもつ専攻科と位置づけた。

N君は小学校は公立の特殊学級で教育を受けたが、将来は福祉就労向きと保護者が考えて中学部から入学した。入学後は保護者が思っていた以上に成長がみられ、専攻科一年在学中に老舗の飲食業での実習をした。教員のなかには「無理じゃないか」という意見もあったが、筆者は「理解ある職場であったならば社会が本人を育ててくれる」と判断し、就職が決まった。二〇二四年現在、五〇歳を過ぎたが、同じ職場で中堅として活躍している。

専攻科在学中に旭出グループの福祉施設に空きがでた場合、そちらに移行したケースもあるが、三年間在学して目標をもって生活のできる人に育てて卒業させる方向になってきている。専攻科を設置する私立の特別支援学校は、四年課程の聖母の家学園（三重県）を除くと二年課程が多いが、わが国に少ない特別支援学校の専攻科の必要性を訴えるには、各学年のカリキュラムの編成や生徒の育ちのエビデンスなどを発信することが必要であり、前述した「専攻科教育実践交流会」はその機会にしている。

三木の入院、そして逝去

三木は一九八三年（昭和五八）の秋に虎の門病院に入院して咽頭がんの手術を受けることになった。三木は入院前に「話すことができなくなるから手話でも覚えようかね」と話していた。一九七八年（昭和五三）に「聾学校に通っているS君が、学業についていけなくなったので中学部から本校を希望したいというのだが、受け入れを検討してくれないか」と三木から打診があり、体験入学後に学部で検討して受け入れることになった。担任になった筆者は勤務が終わると、急いで地域で開かれていた手話講座に通って手話を覚えた。そのような経緯から、筆者に三木が入院前に声をかけたのであろう。

一九八四年五月三一日は創立記念日の「青葉のつどい」の事前学習で、学校全体が忙しかった。中学部を担当していた筆者は創立記念のシンボル作品を作成していた。そこに岩田惇子事務員から「三木先生が、今、ご逝去されました」と耳打ちされた。思いもしない報告に衝撃を受けたが、何とか行事をやり終えた後、学園葬の準備から当日の対応、葬儀後の片付けまで必死になっておこなった。

他校にもみられるが、創始者という存在は強いリーダーシップを発揮してけん引する存在である。三木も「卒業のない学園」を旗印に学校はもちろん、卒業生の生活の場、働く場としての施設を創設してきたことは前述した通りである。晩年には卒業者の高齢化を案じて「生産活動のできなくなった人が安住できる場所が必要である」ということから大利根旭出福祉園の設立に着手した。

三木の『残されている夢』から、やり残したことを挙げておきたい。

学校、施設の運営で一番大切なことは優秀な教職員の確保であり、ことに千葉に新施設を作るための人材をどうするかということは今から考えていかなければならない。もう一つは、指導プログラムで、生涯教育、生涯福祉の指導計画とその内容の主要部分となる作業のことである。

そして、指導プログラムについては、旭出で対象としているような者に対しては、種々の能力、ことに知的能力をびっくりするほど発達させることはむずかしいが、そのような諸能力をフルに活用して生活能力を高め、生活目標をはっきりさせて、生きがいのある生活をさせていくためには、もっている能力に指令を出し、また自己を制御していく、自我の中枢となるものを育てていかなければならない。その人間形成を図に表そうとしたものが次の図である。

その発達過程をどのようにしてとらえ、どのように評価していくかは、目下考究中であるが、むろん精神的な発達の分岐が行われるとともに相互にからみ合って複雑に編まれていくわけであろうが、それはただ複雑なものになっていくというものではなく、人間的行動(これもちょっと分かりにくいであろうが、社会的人間行動といえば多少分かるかもしれない)という観点から見れば層的な段階あるいは節があると考えられ、

図1＿三木の発達の図

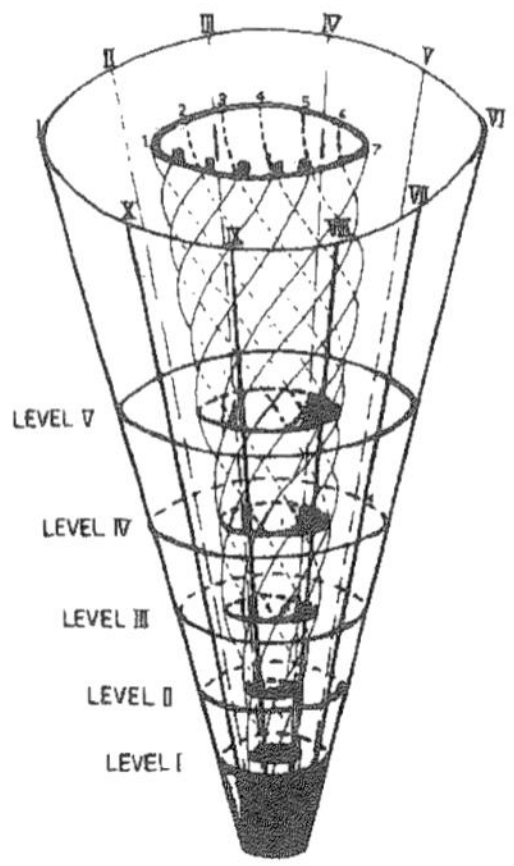

それが一段階上ることによって理解力、判断力といったものの様相が変わっていくものと思われる。これを各人の発達を通してどうとらえていくかが、これからの私の一番大きな研究課題であると思っている。

この逆三角錐の発達の図の心棒に当たる部分を「やる気」「自己統制力（セルフコントロール）」「協調性」と三木は述べていたが、大泉旭出学園の浅井浩理事長は三木のこの研究課題を進め、さまざまな機会に自分の理論を展開している。筆者は作業学習などでよくみられる成功体験があれば、自信がつき「やる気」が出ること、楽しいスポーツを通して友達との集団競技で「自分を律する」場面や「協力する」場面も数多く体験してきた。

忘れられない実践例を紹介したい。

現在の診断名でいえば「自閉スペクトラム症」のM君とは中学部と専攻科をともに過ごした。中学部ではバスケットボールが好きになり、他校との合同チームに入って練習することもあった。中学部の体育の授業時に、シュートしてボールがゴールに入ることが楽しくなり、リング近くまでボールを持っていってシュートしていた。それはルール上「トラベリング」になるわけで、説明してもパニック状態になっていた。しかし、のちに筆者が専攻科へ異動になり、高等部三年間を挟んでM君に再びバスケットボールを指導することになった時には、落ち着いてルールを受け入れてくれた。

「やる気」や「自己統制力」はこうした集団という過程のなかで育つことを物語っているのではないだろうか。

思春期以降は自分をはっきり主張するようになる。さらに高等部や専攻科の期間には、社会見学や職場実習などの社会体験により自分を振り返る力もついてくる。自分と他の事象の比較により自我が形成されてくるのだ。それは、「自分づくり」のプロセスであり、専攻科の教育実践で実証されつつあるといえる。将来の幸せの一つの形である「自分らしく生きる」ことにつながっていくと考えている。

三木没後の数年間

三木理事長兼校長は、生前に「これからの旭出学園の運営は合議制でおこなうように」という言葉を残していた。坂本新校長、北川新教頭の新体制になり、月一回の割合で学部の主任が集まり、学部の状況を報告しながら学園全体の運営について話し合う「学部連絡会」が始まった。児童生徒の状況や入学、進路、保護者への対応、教職員の採用などさまざまな課題について夜遅くまで協議したが、この会は現在も「学部運営会」として続いている。

三木理事長の後には、坂元彦太郎（一九〇四～一九九五）が理事長に就任し、坂本校長から学校と福祉園の合同職員会議の席で「旭出のレールは三木先生のお考えで敷かれているので、学校と福祉園の両輪で進めましょう」との力強い挨拶があった。一九九四年に就任した肥田野直《ひだのただし》理事長が「学部運営会」に参加して教育・運営などの助言をおこなった。

世の中は、一九七四年の東京都の養護学校希望者全入、七九年の全国の養護学校義務制の実施から九年が過ぎ、小中学部の義務教育期間だけでなく高等部の設置を求める声も大きくなってきた。すでに高等部のある旭出学園にも高等部から入学を希望する生徒がいたが、高等部三年間で卒業して旭出生産福祉園へ入園するとなると、小学部や中学部から入学した子女の保護者からは不満の声もあがることが懸念された。また、高等部からの入学者に対しては、指導するうえで難しいケースもあるということで、八八年度から九五年度の八年間は高等部からの入学を休止した。

旭出生産福祉園の定員は一〇〇名、大利根旭出福祉園の定員は四〇名であるが、その定員も満員になることが予想され、卒業生の進路先の確保には新たな事業を起こす必要があった。学校と福祉園からそれぞれ委員を出して「新作業所開拓検討委員会」を開き、その委員長に筆者がなり、副委員長は福祉園の職員から選ばれた。当時の平田哲雄施設長から「授産施設分場方式」という制度を紹介され、その制度を活用した事業を調査研究することになった。徳島県や大阪府で先行的に取り組んでいる授産施設分場方式の事業所を見学に行き、旭出流の分場方式を探った。分場方式は本施設から「スープのさめない範囲」の場所に五名から一九名までの定員で小規模の施設ができるというものであり、検討委員会では「施設への希望者が一定数になったならば地域に事業を開始する」という方針を立てた。地域福祉がいわれ始めた時期でもあり、創立以来掲げてきた「卒業のない学園」の実現と符合するよい制度であると評価された。

一九九二年（平成四）に日本自転車振興会の補助を受けて学園内に七号館が落成した。七号館の南側を学校のスペーサーブロック製造の作業場とし、北側を社会福祉法人大泉旭出学園が運営する授産施設分場方式「ワークショップあさひで」として開所した。これによって専攻科在籍者の進路は保障された。

コラム

●大利根旭出福祉園の開園と創立四〇周年

一九八〇年に旭出学園整備拡充協賛会を発足し、加入者の会費を自己資金として八六年に大利根旭出福祉園を開園した。協賛会への参加については、学校の保護者にまで声をかけて小学部や中学部の保護者にも加入してもらった。施設には定員が設けられるので入所できない家庭に協賛会への加入を誘うことはできないが、学校卒業後のわが子の将来を案じる保護者の気持ちはみな同じであり、協賛会に加入した保護者と非加入者に不公平感が生まれてしまった。それを解消するために「協賛会の加入の募集はしないが、学校債に協力してもらい、卒業時に旭出関連施設を利用する際に協賛会と同様な扱いにしてもらう」ということで、一口五〇万円の学校債を発行することになった。学校債は入学時に協力してもらい、卒業時に返還するものであり、積立金の利息を運用するところに学校としてのメリットがあると説明していた。この時はバブル期であったが、一九九〇年に入るとバブルは崩壊し、利息運用の計画は夢に終わった。

一九九〇年は創立四〇周年であり、写真集『あゆみ』の発刊や三木安正のレリーフの除幕式に徳川正子夫人を迎えた。三木のレリーフの高さは三木の身長と同じに設置した。バブル崩壊後の社会の空気は何となく重苦しく感じられ、学園としては最小限の記念事業に留めたように記憶している。

卒業生の受け入れ先としてつくった旭出生産福祉園、大利根旭出福祉園、分場方式「ワークショップあさひで」の定員はすぐに埋まってしまう。そのために、高等部からの入学者には、「高等部卒業後には地元で進路先を探すことになります」ということを説明したうえでの入学になり、「卒業のない学園」の看板は薄れてしまった。

一九九三年度頃から生徒数は減少し始め、九九年度には全児童生徒数が六〇名になり、厳しい学校運営になった。

三木安正記念館

二〇〇〇年の創立五〇周年記念事業として「三木安正記念館」を創設する準備は着々と進められた。当時の社会福祉法人理事長の上出弘之（一九二四〜二〇一三）、学校法人理事長の肥田野直（一九二〇〜二〇二〇）、全日本特別支援教育研究連盟二代目理事長の山口薫（一九二四〜二〇一五）が発起人となり「三木安正記念館設立準備委員会」ができ、各分野の方々に建設募金の協力をお願いした結果、「三木安正記念館」は二〇〇〇年五月に旧やよい寮をリニューアルして開館することができた。

三木は戦後の特殊教育のリーダー的な存在だったために、全国各地から教育に関わる資料が送られてきたものを大切に保管していた。三木の自宅や研究所にあった蔵書や資料などを記念館に収めて、会員に公開している。記念館は寄付で維持・運営され、定期的に運営委員会を開いて『三木記念館だより』を発行している。また、資料を整理するためにボランティアで津曲《つまがり》裕次、大見川正治、野口武悟らが関わり、『三木安正記念文庫所蔵資料研究報告』を発行してきた。

学校法人旭出学園という民間団体が、先人の特殊教育、特別支援教育の文化事業を保管して次世代に伝承していく意義は大きいが、民間での維持管理は厳しい。

同窓会「あおば会」から生涯支援部へ

二〇〇〇年度を契機に同窓会「あおば会」の改組が提案された。一九八三年（昭和五八）に高等部本科や専攻科を卒業して一般就労した対象者にはアフターケアのための「あおば会」があり、職業の定着や相談などをおこなっていた。福祉園に入園したTさんから「旭出関連施設に入園した人たちも同窓会活動に参加したい」という声があり、創立五〇周年を機会に卒業生全員を対象にした同窓会「旭出あおば会」に名称を変更して、発会式を体育館でおこなった。役員は保護者、本人、教職員で構成し、アフターケアやアフターフォロー、余暇活動、相談事業などをおこなうことになった。余暇活動は夏・冬の休みを除いて毎月第三土曜日に開催することになった。外部のボランティアを登録制にして障がい者との交流を推進しようという方針もあったが、ボランティアはなかなか集まらず保護者と教員のボランティアに頼ってきた。発足して二〇年が経ち、年々卒業者の加入者が多くなり、同窓会活動は曲がり角にきている。二〇二一年度の学園の事業計画には「生涯支援部」を新設して解決の道を探すことが盛り込まれ、二〇二三年に活動を開始した。学校時代の教育活動が卒業後にどのように生かされているかを知る機会になり、その反省から今の教育も充実することに意義を感じてきたことは伝えていきたい。

交通網の発達している首都圏にある当学園だから毎月の同窓会活動ができるが、他の私立特別支援学校では同窓会を年に一度おこなっている学校が多い。一年に一度会える同窓会を楽しみにしている卒業生が多いと聞いている。

社会福祉法人の事業のいま

二〇二二年に社会福祉法人富士旭出学園は創立五〇周年を迎え、富士厚生園、清心園、明成園、就労支援事業サポートセンターあさひで、共同生活援助事業所サニーヒル、指定特定相談事業所ふじあさひでの事業を展開している。学校から富士旭出学園への入所者は、二〇〇二年三月に卒業したK君が最後になった。福祉行政が地域福祉を重視する時代になり、東京から富士旭出学園を希望する場合には地元の富士宮や静岡県内に在住することが条件になったからである。

社会福祉法人大泉旭出学園は、旭出生産福祉園、東京都から委託を受けた調布福祉園、板橋区の委託事業の徳丸福祉園、法人直営の大利根旭出福祉園、旭出調布福祉作業所の施設を運営するようになった。授産施設ではじまった旭出生産福祉園は、措置制度から利用契約制度になり、二〇一一年三月には学校敷地内にあった分場方式の「ワークショップあさひで」を本館に移した。一三年の障害者総合支援法の施行により旭出生産福祉園は「生活介護」の事業所として現在に至っている。利用者が年々老齢化する状況を踏まえての事業の選択であった。旭出生産福祉園は、二〇二四年に創立五〇周年を迎える。

旭出グループ（2024年５月現在）

- 学校法人 旭出学園
  - 旭出学園（特別支援学校）
    - 幼稚部
    - 小学部
    - 中学部
    - 高等部本科
    - 高等部専攻科
    - 寄宿舎（生活自立寮）
  - 教育研究所
  - 三木安正記念館
- 社会福祉法人 大泉旭出学園
  - 旭出生産福祉園
  - 大利根旭出福祉園
  - 調布福祉園
  - 旭出調布福祉作業所
  - 板橋区立徳丸福祉園
- 社会福祉法人 富士旭出学園
  - 富士厚生園
  - 富士清心園
  - 富士明成園
  - 就労支援事業 サポートセンターあさひで
  - 共同生活援助事業所 サニーヒル
    - あわくらホーム
    - 三園平ホーム
  - 指定特定相談支援事業所 ふじあさひで

三つの法人が合同で研修会などをおこなっているが、初任者研修会は発祥地である旭出学園で実施している。中堅職員研修会は会場を持ち回りで開き、各法人・各部署の取り組みや課題などを報告しながら人事交流を深めている。八月には各施設の代表者が集まり管理者会議をおこなっているが、各社会福祉法人の歩みについてはそれぞれにまとめているのでホームページなどを参照してほしい。

振り返ると、徳川五郎太の縁で始まった旭出学園は、現在、約一二〇〇人の障がい者が利用するに至っている。働く教員や職員、支援員などを合わせると相当数になり、旭出グループとして利用者のライフステージにおける適切な教育や支援を探っている。

旭出学園のいま

二〇一〇年に創立六〇周年を迎え、人の年齢でいえば還暦であり、校長職にあった筆者は「本卦《ほんけ》がえり」の意味を含めて記念誌のタイトルを『原点にかえる――生活教育・生産教育・生涯教育』として仕上げた。各教員に受け持つ子どもたちの教育実践からみえてくる現状分析、そして今後の課題を明らかにして、これからの学園のあり方を探ってほしいという願いをこめた。学園内に印刷科があったことも幸いして自費出版をしたが、年々印刷科の仕事は減少して、現在は印刷科の事業は廃止している。

ハード面では二〇〇八年に記念事業の一環として、一号館、二号館、三号館、体育館の耐震工事を文科省の補助制度を使い、また保護者や関係者に寄付をお願いしておこなった。二〇一一年三月一一日は年度最後の全体保護者会で午後から参加者全員が体育館に集合して話し合いがおこなわれていた。午後二時四六分に東日本大震災が発生した。大きな揺れを感じたものの体育館の耐震工事を終えていたので被害はなかった。児童生徒は日頃の避難訓練の成果が出て、円滑にグラウンドに避難できた。保護者会が長引いたことが幸いして、親子同伴で帰宅する児童生徒も多かった。その後の交通網の遮断で大混乱が発生したので、遠隔地の保護者には寄宿寮での宿泊も可能であることを連絡した。数人の生徒は泊まったが、埼玉県の川島町在住のY君を保護者が車で迎えにくるというので、待っていたところ、午前二時頃の帰宅になった。東日本大震災発生後は、わが国は放射能汚染や岩手、宮城、福島などの復興に向けての政治や経済などの報道で一色になった。

その年の三月で筆者は校長職を終え、後任に田村初枝が着任した。筆者は再任用で特任教諭として卒業生の資料整理やアフターケア等の任務をおこなったが、一年で退職して新たな道に進むことにした。

児童生徒があっての教育事業であるが、その人数は増減しながら今日に至っている。教職員の年齢構成は出入りがあってもバランスのよい教職員構成になっているように思う。課題はハード面である。学校評価がはじまってからは、教職員や法人の役員だけでなく保護者の意見も反映されるようになった。保護者の学校評価ではつねに一番低い項目が老朽化した校舎である。校医であった牧野医師からの寄付金で二〇一五年に旧寄宿寮を高等部の教室とする改修工事が竣工した。一八年に生活自立寮の改修工事、翌年に二号館小学部の改修工事をおこない、保護者のニーズにこたえてきた。

二〇年に創立七〇年を迎えたが、新型コロナウイルス感染症の蔓延で記念式、公開研究発表会、祝賀会などは中止になった。三つの法人で公開研究発表会を「知的障がい児者の生涯教育・生涯福祉――ライフステージに応じた支援」のテーマでおこなう予定であった。内外の関係者から旭出学園の事業を評価してもらうよい機会だったが、残念であった。

旭出学園の将来プランは三木が構想を練って以来、幾度か練り直されてきたが、二三年には専攻科の新校舎「さくら館」が完成した。これは「ドリームプラン」と称して新校舎建設委員会を発足して、創立一〇〇周年の旭出学園の設計図を描き、優先順位をつけての事業計画であるが、資金不足は悩みの種である。

七〇年余り続いた旭出学園を振り返ると、在学したすべての人たち、その保護者、支えていただいた関係者に深く感謝したい。旭出学園を含む私立特別支援学校は幼児児童生徒の定員があり、ほとんどが小さな学校である。小さい学校だからこそ一人ひとりに丁寧な教育支援をし、秘められた可能性をみつけ、卒業後も生涯にわたって支援ができる。これも、異動のない教職員の体制であるからできることではないだろうか。

第三節　旭出学園教育研究所の設置と役割

教育研究所の位置づけと役割

一九六〇年（昭和三五）三月、豊島区目白に旭出学園教育研究所を開設した。これは当時のイスラエル公使夫人のナジャールが知的障がい教育に深い関心を持っており、目白の旭出学園を訪問した折に、教育理念に共鳴して何か役に立ちたいとの申し入れがあったことに対し、三木が研究室の付設を希望した結果できたものである。ナジャールは在日中に何か有意義なことをと考えて、前年に結成された「日本イスラエル婦人協会」のバザーの収益金も提供してくれた。この建設資金だけでなく、これ以降、四〇年以上にわたって教育研究所の運営費として多額の寄付をしてもらった。その間に、教育研究所は障がい児の診断や指導、その保護者や教員の相談のほかに、「社会生活能力検査」や「ＩＴＰＡ（イリノイ大学式学習能力検査法）」などを開発している。

また、一九八六年（昭和六一）に英国から帰国した松田祥子がマカトン法（後述）を紹介し、その後、研究所を拠点にマカトン法の普及につとめている。

研究所の開所式に出席するナジャール（中央）

教育研究所には、東京大学教育学部の三木の教え子である宮本茂雄、伊藤隆二、茂木俊彦、中川信子らが多数出入りした。大学で教鞭を執っていた方も多く、二〇二〇年一二月に就任した上野一彦新理事長もその一人である。一般の学校では、校務分掌のなかに「研修部」や「研究部」を置いて教員が担当するが、「旭出グループ」の組織図にあるように学校法人旭出学園の傘下に特別支援学校と並列的に教育研究所を位置づけ、独立的な組織としている。これは、三木のいう「教育の実践には研究の裏づけが必要であり、また、心理、教育の研究は実践に役立つものでなくてはならない」という理念からきている。『教育研究所所報』の創刊号（一九六三年）には、三木は研究所の構想について、①旭出の教育の整備のための研究、②精神薄弱児の類型学的研究、③外来の教育相談、入学相談、在校生の検査、教育効果の測定をあげており、更に大きな望みとして日本国内の研究者間の連絡の役割について触れている。

教育研究所ができた頃のわが国は、知的障がい児の教育については未整備の時代であり、三木の立場からいえば、社会啓発という使命感があった。

三木が亡くなった一九八四年以降は、研究所のスタッフとして常勤（心理）が一名、非常勤（週一〜三日）が数名という体制になり、今日まで続いている。教育研究所の研究実績は数多くあり、そのうちのいくつかを紹介する。

「S-M社会生活能力検査」の開発と出版は、のちに「ASA旭出式社会適応スキル検査」（二〇一二）の開発や『S-M社会生活能力検査　第3版』（二〇一六）に繋がり、現在進行形である。「ITPA（イリノイ大学式学習能力検査法）」の翻訳を契機に「LD（学習障がい）」児の診断と指導が始まり、現在も続いている。

旭出学園のような小さな学園で教育研究所を併設していることは、教育環境としては理想的だが、運営的には大変である。私設で学校に研究所が併設されるケースは珍しいと思うので、三木が描いた教育研究所の理想のあり方を探り、実現していくことを願っている。

旭出の教育の整備のための研究

第四章で触れる「教育プログラム」は一九六二年に発表したものだが、これは教育整備の大きな業績である。このプログラムに沿って一人ひとりに『教育の記録』の冊子を用意して、指導と評価をおこなってきた実績は、今日の「個に応じた教育支援」やＰＤＣＡサイクルに通じるものがあり、その先見性に気づかされる。

旭出の各部の教育実践は、「教育プログラム」に沿って計画されてきているが、指導内容や方法の充実を目的に、研究所所員が協力することも多い。その一つを紹介する。

中学部の授業「見つけた考えた」には二〇一五年から所員が関わり、『授業「見つけた考えた」のガイドブック』の作成に向けて、授業分析や改善、教材づくりなどの共同研究を進めてきた。その成果は日本特殊教育学会（二〇一七、一九、二〇）で発表している。

中学部の「見つけた考えた」の授業では、進行役の教員の支援を受けながら、生徒が近所や家庭、学校でみつけた身近な物についてみんなの前で発表する。その後に生徒間で発表内容について理解を共有したり、深めたりできるように教員は支援している。発表者以外の生徒は、持ち寄られた発表物（できるだけ実物）について五感を通して感じたこと、気づいたこと、知っていること、考えたことを発言するという対話的な学びをおこなっている。授業中の生徒の反応や発言は記録によって文字化され、家庭でも共有できるように『見つけた考えた通信』を発行している。

研究所所員と中学部教員とのカンファレンスでは、授業の様子の動画を視聴して授業の振り返りをおこなっている。生徒の取り組む様子を正確に捉えることができ、教材・教具の工夫として、発表への注目を促すために「ブラックボックス」を使用することや発言を促すために「写真、イラスト、マカトンシンボルなどのカード」を作成すること、気づきを深めるために「図鑑、インターネット上の動画」を活用することなどで教育実践上の改善がみられた。また、教員の働きかけと生徒の反応についてまとめると、軽度、中度、重度の生徒の発達レベルに即した関わり方の大切さが確認された。場の設定の大切さも指摘され、座席の並べ方の工夫で離席率が減少した。

学部職員だけでなく、所員も参加して授業を検討することによって、生徒理解と一人ひとりに合った言葉かけ、教材・教具の提示などでより質の高い授業づくりができた。

知的障がい児の適切な支援を求めて

知的障がいとは、知的能力と社会生活への適応能力が低いことで日常生活における困難が発達期（一八歳以下）に生じている状態のことをいい、知能検査における知能指数が七〇ないし七五以下を基準としている。知能指数の算出は、「知能指数＝精神年齢÷暦年齢×一〇〇」である。知的能力の判断基準としては、例えば田中ビネー検査*の内容をみると、「形の弁別」や「言葉の理解と表出」「数量理解」「記憶」などで構成されている。

「社会生活への適応能力」の尺度として考えられたのが「S－M社会生活能力検査」である。この検査の領域として「身辺自立」「移動」「作業」「意志交換」「集団参加」「自己統制」があり、全一三〇項目で検査をおこなう。文言が時代に合っていないということで、二〇一六年に『S－M社会生活能力検査 第3版』として改訂された。三木は、知的能力が積み上がりにくいという特徴をもつ知的障がい者の発達や成長を測る尺度として、この検査の意義を重視していた。

約一〇年間にわたり社会適応性の評価の開発をおこなってきたが、その成果として二〇一二年に「ASA旭出式社会適応スキル検査」を発表した。障がい児と接するときに保護者や教員、関係者が配慮することで社会性が伸びることを示しており、「指示を理解する」「聞く」「口頭で質問する」「経験したことを話す」「拒否や要求を表す」「自分について話す」「質問に答える」「読む」「書く」「身だしなみ」「健康管理」「家の掃除や片付け」「食事の準備と片付け」「衣類の手入れ」「家の中で安全に過ごす」「電話・ファックス・メールの使用」「外での安全への対応」「お金の理解と管理」「時間の理解と管理」「困難な状況での対応」「仕事のスキル」「環境の変化への適応」「他人への関心と共感」「会話・コミュニケーション」「交友関係」「協力的な関係」「きまりを守る」「集団遊びのルールを守る」「礼儀」「他人への気遣い」「感情や行動のコントロール」という項目からなっている。家庭生活や学校生活、地域生活のあらゆる場面でしつけや指導、支援ができる項目であるので活用してほしい。

＊ 発達障がいの診断に用いる検査方法で、フランスで誕生した「ビネー知能検査」が日本の心理学者田中寛一によって一九四七年に発表され、幾度も改訂されている。

外来（在校生以外の幼児児童生徒）の教育相談

在校生以外の教育相談ならびに個別指導もおこなってきた。しかしその件数はここ数年減少傾向にあり、新規の相談も少ない。これは公立の教育相談室や児童発達支援センターなど、地域で相談できる機関が増えたことに加えて、放課後等デイサービスや児童発達支援事業所などで受給者証を利用して療育指導を手軽に受けられるようになったことも影響している。教育研究所が児童発達支援事業の指定を受けるための申請準備を進めたが、建物(バリアフリー)の基準を充たすことが難しい等で保留の状態である。

最近は、練馬区の相談機関やスクールカウンセラー(SC)からの紹介で来所するケースが多く、その内容は「担任に検査を受けるように薦められた」「研究所の外来指導を希望している」「支援学級への通級に関する相談」「学習面の心配がある」などである。また、マカトン親子教室の終了後、個別指導を希望するケースもある。

研究所は地域のセンター的機能を担う役割として、区内の私立保育園、学童保育クラブ巡回指導や練馬区学校教育センターからの業務委託で、教育相談員に対して心理検査のスーパーバイズ(SV)をおこなうなどの機会はここ数年増えている。

入学相談、在校生の検査、教育効果の測定

学内の研究所による支援は、入学相談、在校生の検査、教育効果の測定、カンファレンスへの参加などがある。入学相談では、所員は発達検査の実施だけでなく、保護者との面

談に校長や教頭と共に参加している。

在校生の検査について、定期的に知能検査または発達検査（小2、小5、中2、高2）をおこない、「S-M社会生活能力検査」や「ASA旭出式社会適応スキル検査」は学部進学時に担任と保護者に記入してもらい、縦断的に児童生徒の成長・発達の様子を捉えている。検査を実施した後には、結果を報告書にまとめて、検査時の様子も含めて知的な発達面の特徴、例えば視覚優位性や数量面の得意性などをケース会で報告し、個別の指導計画の作成に活かせる情報を提供している。

二〇一五年より、言葉や聴覚などの機能に障がいがある人を機能の維持向上のために訓練する常勤の言語聴覚士（ST）が勤務することになり、小学部児童に言語検査を実施し、言語理解・表出面の評価をおこない、検査結果をケース会に報告するとともに、希望する保護者にも面談をおこなっている。また、養護教諭からの要請を受けて、聴力検査の二次検査もおこなうようになった。精密検査が必要なケースを専門医につなぐなど、児童生徒の状況をより多面的に把握できるようになった。

幼稚部から専攻科三年までの一七年間の教育が可能である旭出学園は、一貫教育の成果を確認するために縦断的研究をおこなっている。諸検査や通信簿のコピー、連絡帳、年度末に一年間を振り返る記録簿などを分析することで学童期、思春期、青年期のライフステージの教育効果を検証することができる。継続的に収集したデータの活用も重要な研究所の役割である。

コラム

●Aさんの一五年間におけるコミュニケーションの発達

Aさんは就学前に教育研究所での指導を受け、小学部一年生で入学した。中学部、高等部、専攻科に進み、一五年間旭出学園で学んだ生徒の一人であり、Aさんを知る教職員も多くいる。現在就労継続支援B型事業所で働いているが、卒業後の就労定着支援もおこない、最近の様子もわかるため、縦断的に成長を知ることができる事例として主にコミュニケーションの発達と二つの検査の変化を追いながら、一五年間の成長を振り返る。

社会生活指数（SQ）は緩やかに伸びているが、知能指数は暦年齢に応じて下降している。これは一般的な傾向である。S‒M社会生活能力検査の推移は、どの領域でも伸びがみられるが、特に身辺生活スキルの向上は大きく、日々の繰り返しで技術が向上し定着していることがわかる。体力がつき、自宅から一人通学ができるようになり「身辺自立　移動」も大きく伸びた。「コミュニケーション」ではマカトンサインやシンボル、指文字や

A さんの IQ と SQ の経年変化

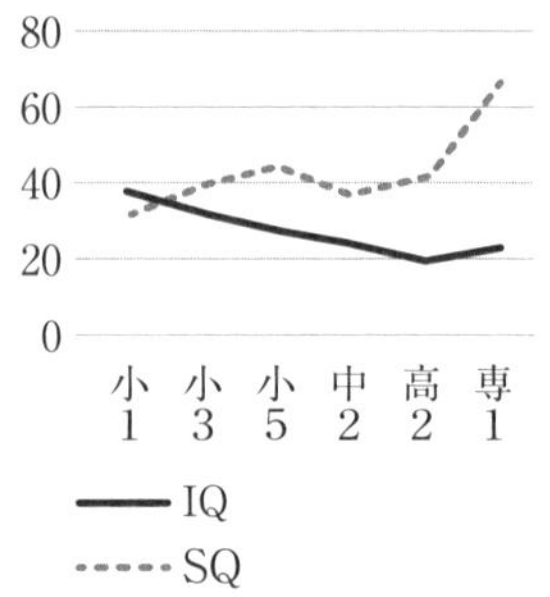

S-M 社会生活能力検査の結果

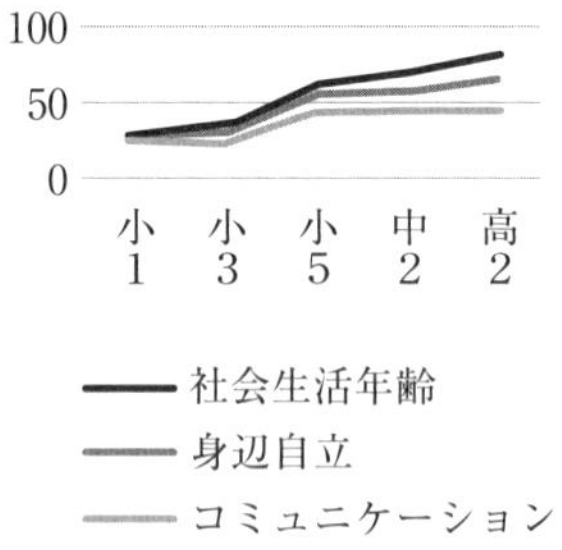

平仮名や簡単な漢字などを読み書きできるようになり、また高等部から同級生になった仲間との関わりから学校生活でも伸びている。理解力が増すこと、自分の力が発揮できる場面が増えたことで、自己統制力も伸びている。

コミュニケーションの変化について追ってみる。

スモールステップを踏んで自立に向けていった事例である。

担任が記録する「月の記録」から抜粋して一五年間の成長を拾ってみた。振り返ることで、各学部の教育方針と本人の成長・発達へのニーズを考え併せ、適切な教育支援であったかどうかを検討することができる。「意思表示」や「コミュニケーション」という大事

Aさんのコミュニケーションの変化

小1	教員に用事があるときに、肩をトントンして「先生、やって」とサインと言葉で伝える練習をした。教員がモデルを示し、本人の模倣力を活用した。トイレに行くときや遊びたいときに言葉とサインを促した結果、トイレに行きたくなるとサインで知らせることができるようになった。
小4	「いや」「やめて」「次はぼく」「わかりません」などの言葉を声に出していってみるように励ます。特定の友だちには自分から「めっめっ」（ダメ）のアピールができるようになった。朝の体操を一緒にやろうと誘うときに、一緒のサインを自分から示し伝えることができるようになった。
小6	文字に関心が出てきて、名前の頭文字を指文字でつくって友だちを呼ぶことで発音の音素も多くなり、指文字やサインの模倣もスムーズになってきた。「い（指文字）先生」と呼びかけてから、行きたい場所を報告することが増えてきた。
中1	肩を叩いた後に「○○先生」「○○君」と名前の指文字を一緒に出しながら呼ぶように教員が手本を示しながら練習する。着がえで手伝ってほしいときに傍にいると、肩を叩いて「やって」とサインと自分なりの発語で伝えることが増えてきた。
中2	保護者面談で、家で学校の話をしなくなったとのことで、思春期の内面性が育っている姿だと伝えた。学級では一日の様子を振り返り、その日の活動で楽しかったことを選ぶことから始めた。シンボルを選び、文字を記入する。「プール」を選んで「楽しい」と表現するなど、活動をしっかり思い出して表現するようになった。ひらがな文字を書く力が伸び、「あさひで　たいいく　たのしい」と自分で書くようになった。質問に対してはある程度答えることができるようになった。
中3	担任には挨拶できるようになった。自分の気持ちを表す「だめ」「ない」「おりて」などをはっきり伝えられるようになった。友だちがおこなったことを模倣する力もつき、クラスの友だちとの仲間意識ができ、遠慮せず気持ちをいえる環境になった。

高1	ブロック作りの作業で「できました」の報告を教員の近くまで来て伝えることができるように支援し、二学期には達成できた。お茶係で困った場面では、「やかん」「ない」と報告するようになった。
高3	報告は声を出していうことをめざしたが、「できました」という発音が難しく、「できた」という発語とサインでの表現が定着した。また、困っている場面、「わかりません」「いたい」「ください」などでは、発語だけでは伝わりにくいので、サインも一緒に表現する練習をした。
専2	成人を迎えるので大人のマナーを身につけることを目標にした。自分でも誕生日には、「二十歳になる」「立派な大人になる」ことを目標にした。立派な大人というフレーズは気に入ったようでサインも一緒に自分からも度々示すようになった。
専3	弁当箱を洗うことや帰りに自宅に電話を自分からかけることができるようになった。職場実習で課題になった「報告」については作業学習の際に意識させて練習したが、報告する教員にこだわりがあり、誰でも近くにいる教員に報告するように支援したところ、できるようになった。

な能力については、言葉の不明瞭さがあるが、日常生活をともにすれば理解できるし、相手のいうこともわかり、人との関係の成長がみられた。

B型事業所では、よく仕事に取り組んでいる様子を毎年の職場訪問でもみせてもらっている。旭出学園の生涯支援部「旭出あおば会」の卒業生余暇活動にも参加し、二〇二三年度はダンスクラブを選んで欠かさず参加している。よく学び、よく働き、よく遊ぶ生活ができているのではないだろうか。

旭出学園の教育の一貫性を考察するための学期末研修が教育研究所所員とともに、二〇二二年七月に学内でおこなわれた。小学部から中学部、高等部を経て、専攻科に在籍する生徒の成長を、記録などをもとに各部で担任した教員が発表し、その成長と現在の課題、卒業後に向けて優先して取り組むべきことなどを検討した。ASA検査の結果に基づいて、達成できているところや達成できていないところ、達成できない理由、取り組むべきことなど、小グループに分かれて検討し、各グループの発表を共有した。こうした縦断的に成長と課題、支援法を資料に基づいて振り返るケース検討会ができることの教育研究所の役割は大きい。

旭出学園と日本マカトン協会

マカトン法は、一九七〇年代に英国で開発された「ことばとサイン（身振り動作）、シンボル（絵文字）」を同時に提示するコミュニケーション指導法である。発語に課題のある者にとっては、サインやシンボルを同時に使うことで、ことばの概念の理解を促進し、見る力、聞く力、伝える力（表現力）を身につけやすくする支援方法である。言語聴覚士であるマーガレット・ウォーカーを中心に、共同研究者キャシー・ジョンストンとトニー・コンフォースが協力して、語彙選択や指導法の改善をおこなってきたので、三人の名前である「MA」と「KA」と「TON」を構成してマカトン（MAKATON）と名づけられた。

一九八三年、在英中であった松田祥子（前研究所主任）は、英国の多くの養護学校で使用しているマカトン法に出会う。教育研究所に勤務していた松田は渡英前、三木より「重度の子どもたちの有効なコミュニケーション手段を何とか見出したい」という宿題を与えられていた。マカトン法のコミュニケーションの支援への有効性に着目し、マカトン法創始者のマーガレット・ウォーカーとともに日本への適応研究を始めた。社会や文化の違いから英国の原版とは違った語彙の選定が必要であった。

一九八六年、松田は、上野一彦、津田望（のぞみ発達クリニック）とともにマカトン研究会を組織し、京都や大阪、盛岡などの元日本言語聴覚士（ST）協会傘下のベテランST諸氏の参加も得て実践研究を進め、八九年に『日本版マカトンサイン集』を出版した。マカトン法では、サインは極力、その国の手話を取り入れることとなっており、松田は、世界の手話に造詣が深く、日本手話の標準化に尽力していた貞弘邦彦氏に相談した。同氏はマカトンの普及が日本手話の普及に大きな刺激となるとも考え、何度も来校するなど積極的に協力してくれた。同氏はトット文化館の運営や秋篠宮紀子様の手話の指南役としても知られる。日本版マカトンサインを決めていく際に、①英国のオリジナルサインを取り入れたサイン、②日本で生活する上では日本人の文化に合う日本手話を取り入れたサイン、③日本手話は細かく表出が難しいことから日本手話を単純化したサインの三種類で構成することにした。

こうして日本版マカトン法の普及活動が開始された。その年の三月には英国マカトン協会の支部として、日本マカトン協会が教育研究所内に設立された。全国に普及活動をするにあたり、日本マカトン協会を旭出学園から切り離し別組織としたが、協会は、指導者を養成するためのワークショップを開催し、指導者用の出版物として『日本版 マカトン・シンボル集』（一九九七）、学校生活で必要な語彙を『マカトン・サイン学校編』『マカトン・シンボル学校編』（二〇〇一）にまとめた。マカトン法についての入門書として、『マカトン法への招待』（日本マカトン協会、二〇〇八）が刊行されている。

二〇二〇年に、代表が服部由起子に、副代表が礒部美也子（奈良大教授）に代替わりし、HPの刷新などに取り組んでいる。同時にコロナ禍で対面での講習会が中止になり、準備期間を経て、二一年度からオンラインでのセミナーや講習会を開催できるようにした。オンラインでの参加希望者も定員を満たし、マカトン法普及の動きが再開された。

マカトンサインは三三〇語で構成されており、難易度や使用頻度などから九ステージに

図２　サインやシンボルの例

ことば	サイン	シンボル
 たべる	 ２回たたく	
 いっしょ		
 くるま	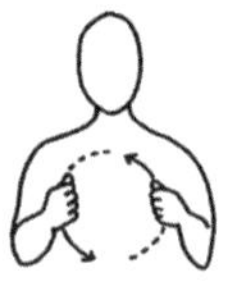	

分かれて指導される。学園ではすでに四〇年間の教育実践を積み上げてきており、ことばやコミュニケーションに困難のある者にはマカトン法は有効であることがわかってきている。特別支援教育の現場や障がい者雇用の事業所、放課後等デイサービス、児童発達支援事業所などさまざまな現場で、マカトン法を使用し、コミュニケーションの力を身につけられることを願っている。

保護者のためのマカトンサイン勉強会

保護者からの「子どもが学校で使っているサインを家庭でも使って話したい」という要

請に、小学部の保護者を対象に「保護者のためのマカトンサイン勉強会」を始めた。学期毎に昼休みの一二時から一三時までの間に学校でよく使う基本的なサインや歌の紹介をするほか、参加者の質疑応答といった内容で二〇年近く取り組んできている。

学校でよく使うサインには、遊びや総合学習、お弁当の時間、音楽、体育、課題学習などの時間割を表すサインや、食べる、座る、見る、話す、聞く、トイレに行くなどの日常生活での行動を表すサインがある。それらのマカトンサインは家庭でも話題にして使うことが多いので、親と子の会話は弾み、子どものコミュニケーションの力は伸長していった。勉強会への保護者の参加は、毎回一〇名ほどで、近年は小学部の保護者だけでなく、中学部や高等部から入学してきた生徒の保護者も参加するようになった。また、高等部や専攻科に進んだ生徒の保護者からの「サインが段々いい加減になってきたので」「この頃わからないサインをよく使うので」との要請にも応えるようになった。

コロナ禍においては、この取り組みは研究所所員に引き継がれ、マカトン法セミナーの一環としてオンラインでの勉強会を開催し、希望者に参加してもらっている。

コラム

●マカトンサイン親子教室

二〇一〇年に筆者（田村）は、乳幼児期にコミュニケーションの発達が気になる子どもに〝ベビーサイン〟が家庭環境のなかに取り入れられれば、その子のその後の成長や発達に効果的ではないかと考え、日本マカトン協会日本支部の松田代表に「乳幼児向けのマカトンサインはないのでしょうか」と尋ねると、「あるわよ」との即答だった。すでに英国では、ベビーサインの教室も以前から実践されているとのことで、日本マカトン協会から出版された『マカトン法への招待』を読み返すと、巻頭言の終盤に英国ではマカトン法に「ベビーサインとしての要請も出てきています」と記されており、プログラムの開発が進められていた。「旭出学園でもやれませんか」「それなら、菊池さんに相談してみたら」のやりとりで、マカトンサイン親子教室への第一歩が始まった。

教育研究所主任の菊池けい子は、二〇一四年にマカトン法のREP（公認講師）の資格を取得するために英国での研修会に参加した。その時に〝Makaton for Babies〟（乳幼児のためのマカトンサイン）という指導プログラムについて見聞きして、強い関心を持って帰国した。旭出学園でも教室を開くために英国の指導プログラムを参考にしながら日本版の作成に取り組むことになった。

日本語版の指導プログラム作成に当たり、まず語彙リストの選定に取り組んだ。英語版の一〇〇語についてその必要性を日本の文化・社会に照らし合わせて検討し、七四語に絞り、小さいお子さんとの生活を五つの場面（家族、食事、清潔、就寝、外出）で配列した。その後、親子教室の開催を継続していくなかで、語彙リストについてREPの人たちに意見をもらい、現在は七〇語になった。

初年度（二〇一四）は、月一回（一時間）、一〇セッションで英国版の指導者用マニュアルを参考にしながら、「マカトンベビーサイン親子教室」を試験的に実践した。ここから得られた経験と反省をもとに、翌一五年度からは月一回（一時間）、四セッションを一クールとした。必要度の高さから七〇語を二〇語、二〇語、三〇語の三回に分けて学び、四回目は総復習と質問に答えることに重点を置いた。「ベビーサイン」はすでに商標登録をされているため「ベビーサインという名称は使わないように」という助言から、「マカトンサイン親子教室」という名称にし、二〇二二年度からは春期、夏期、秋期、冬期とフォローアップを開催している。

指導マニュアルについては、アンケートの声や開催での意見などからその都度改正し、積み上げてきている。今後は、次の指導者に引き継ぐことからも、わかりやすい冊子に仕上げることをめざしている。

コラム

●オンラインによるマカトンサイン親子教室

二〇二〇年に始まったコロナ禍により、対面での親子教室は当面開けない。すでに、春期の親子教室の参加者は決まっていたので、延期やキャンセルの希望を受けて対応した。コロナ禍は長引く可能性があったので、親子教室のあり方を検討するなかで、オンラインでおこなうことにした。

オンラインでも対面の教室とほぼ同様の内容で実施することにした。「一クール四回で一教室」、対面の時は一ヵ月ごとに教室を開いていたが、オンラインでは間が空き過ぎると感じるため、隔週で二ヵ月間の開催にした。これは生活のなかでサインを使うことが定着するには少なくても二ヵ月は掛かること、定期的に教室を開くことが親のモチベーションを維持すること、子どもの変化や親自身の子どもとの向き合い方の気づきを感じるには時間が必要であること、サインを使うことで生じた疑問やさらに知りたいサインなどを質問できる場づくりなどを考慮した結果である。

定員は、画面での一体感を考えて六組とした。実演できない親子遊びは、動画で伝えることにして準備を始めた。最初の教室は定員に満たない状態でスタートしたが、現在はネットでの申し込みなど手続きのスピードも上がり、二〇年度の秋期教室以降は六組の定員がすぐに満員になる状況が続いている。実際におこなうオンライン教室では、子どもたちが参加しやすい歌遊びは、画面が静止したりずれてしまったりするので、ゆっくりした歌が良いことや、サインは少し早めに出すなどはやってみて気づいた点である。

オンラインでの親子教室のメリットとして以下のようなことが挙げられる。まず開催場所を探す心配がない。参加者にとっても、家庭から参加できるので電車やバスに乗って会場まで来ることもなく、子どもの様子をみながら安心して参加できる。また雨の日でも風の日でも天候に左右されることもなく、地方からも、海外からも参加を受け入れることができることである。もちろん対面の時には、子どもの様子を直接みて反応をみながら練習できる。また、保護者から直接相談されることに対してもより適切に詳しく答えることができることはオンラインとは異なる利点といえる。

このほかにも、サインの復習に動画を使用したが、正しいサインを習得するまで何度もみることができることや、画面を通して個別に観察することができ、アドバイスもしやすいことなども挙げられる。参加者にはＰＣで受講することに抵抗のない親たちが予想以上に多く、アンケートもメールを使えばかなり早いやりとりができるなどでオンライン教室の可能性を感じた。

現在は、マカトン法チューターを務める研究所所員を含む所員二名と学校教職員二名の計四名で実施している。コスト面で学園負担があるなど、課題は残るが、まずは必要な家庭に有効な道具としてのマカトンサインを届けたいと考えている。

マカトンクラブ——福祉事業所利用者への取り組み

学園の関連施設である旭出生産福祉園の利用者は、入学してからマカトンサインやマカトンシンボルに親しみ、育ってきた卒業生がほとんどである。学校で親しみ、見聞きしてきたサインやシンボルを使えば、福祉園の作業場面での理解や表現を容易にし、コミュニケーションが豊かになれば、気持ちの安定や生活の質の向上につながると考え、二〇一七年度より「マカトンクラブ」を始めた。言語のリハビリにもなると考え、マカトンサインやシンボルを使ってやりとりを楽しめる活動を月一回実践してきた。毎年五〜七人ほどの参加者を募り、約一時間の活動では、絵カードや写真、マカトンシンボルカードを使い、それらが何かを当てるクイズだったり、シンボルやサインのマッチングをゲームにした「マカトンビンゴ」、写真について話したり指さしたりすることばの学習を中心におこなっている。

自分からなかなか発信できない利用者には、絵カードや写真、シンボルカードという視覚的な補助具があるとわかりやすい。音声言語とともに絵カードやシンボルカードを示すと、何について聞かれているのかがわかりやすい。話が逸れていきがちな利用者にも、カードをみながらだと、話を戻しやすくなる。答えるときや意思表示するときもマカトンサインを出したり、シンボルを指さしたりすることでお互いに理解していることが確かめられる。語彙を増やすことや会話をよりスムーズにすることはなかなか達成できなくても、やりとりができているという実感を持つことで、考えて意思表示する力や理解しようとする前向きな気持ちが感じられるので、言語リハビリの道具としても有効であることを実感している。

すでに英国では、認知症のお年寄りの方々やその支援者にもマカトン法を利用する実践がおこなわれているようである。

特別支援学校の教育研究を活発に

『旭出学園教育双書3　教育と研究』（国土社、一九八三年）の序説に三木安正は「特殊教育の発達のためには、健常児と異なった特性を持つ障害児の特性を把握していく必要があり、各個人の特性に応じた教育計画を用意していかなければならない」と記している。教職員が担当する児童生徒の能力や特性などを理解するために教育研究所の担う役割は大きいわけだが、一九七一年に国立特殊教育総合研究所（現・国立特別支援教育総合研究所）が設立され、国においても特別支援教育の研究は進められ、専門家の育成や最新情報の発信をおこなっている。

「教育の実践には研究の裏づけが必要であり、また、心理、教育の研究は実践に役立つものでなくてはならない」という三木の教えは、教育研究所の基本方針であるが、さらに「子どもから学ぶ」ということも三木の言葉である。旭出学園という小さな学校に教育研究所があり、専門的な助言や共同研究ができる体制をとり、各個人の能力や特性を理解した上で「個別の支援計画」「個別の教育支援計画」を用意して支援している。現在は、公立校においても専門家が教育現場に入って助言支援をすることが広がってきているが、一つの学校内に常勤で勤務している例は少ないのではないだろうか。

三木は同書で「特殊教育発展のためには、研究所的な役割をするところが密着していることが必要であるが、近来、各県、市に特殊教育センターが設置されるようになってきているので、養護学校はそのネットワークの中核となり、特殊学級との結びつきもできて、実践的研究が積み上げられていくこと、ことに国立の教員養成大学では、大学の研究室と付属養護学校とが密接な連携をとって研究を進めていくことに期待したい」と約四〇年前に触れている。特別支援学校のセンター的機能は達成されたが、すべての特別支援学校に幼児児童生徒のより深い理解や適切な教育支援のための教育研究の体制が整うことを願っている。

第四章

教育実践——旭出学園の実践

旭出学園は、知的障がい教育においては草分け的な存在である。建学の精神である「両親の協力する学園」「卒業のない学園」の旗印のもと、生涯支援をめざす学園である。一九五〇年の創設当時、学園に集まった一四名の子どもたちは、障がいの程度が重度や中度とみられたこと、創設者三木安正は、教育心理学者であり研究者であることが、学園の土台を形作っている。まず子どもから学び、子どものことを知ること、教科に準ずる教育ではなく、一人ひとりに適した教育をおこなうことをめざし、今日に至っている。二〇二〇年に創立七〇周年を迎えた旭出学園で学び巣立っていた卒業修了生と現在の在学生を合わせると約七八〇人になる。つまり、毎年一〇名前後の入学者を迎え、同数の人が巣立っていったことになる。旭出学園の教育は三木が一九六二年に考えた「教育プログラム」に沿っておこなわれている。本章では、まずこのプログラムを紹介したうえで、各学部における事例を紹介する。

旭出学園の教育プログラム——知的障がい児の教育の本質

創立者三木安正は、戦前・戦後の教育の研究や東大の脳研究室での勤務、品川区立大崎中学校の実験学級などの経験から「現在の学校教育は、障害のない者を対象として考えられ、進められてきたものであって、障害のある者のための教育の場として、現在のような学校形態がよいとされたわけではない」として学校教育法の第七一条「幼稚園、小学校、中学校又は高等学校に準ずる教育を施し、併せてその欠陥を補うために、必要な知識技能を授けることを目的とする」に意見をしたことは前述した。「準ずる教育」ではなく「適切な教育」を主張し、知的障がい児にとって「適切な教育」は具体的な活動を通しての教育であると考えた。これは、旭出学園の教育プログラムにその具体的な内容をみることができる。抽象的な思考の弱い知的障がい児に第七一条にある「知識技術を授ける」という教育の目的には限界がある。

　三木は一九六二年に旭出学園教育研究所の案として、小・中学部用に『教育の記録』を作成し、そのなかに教育プログラムがある（図1）。

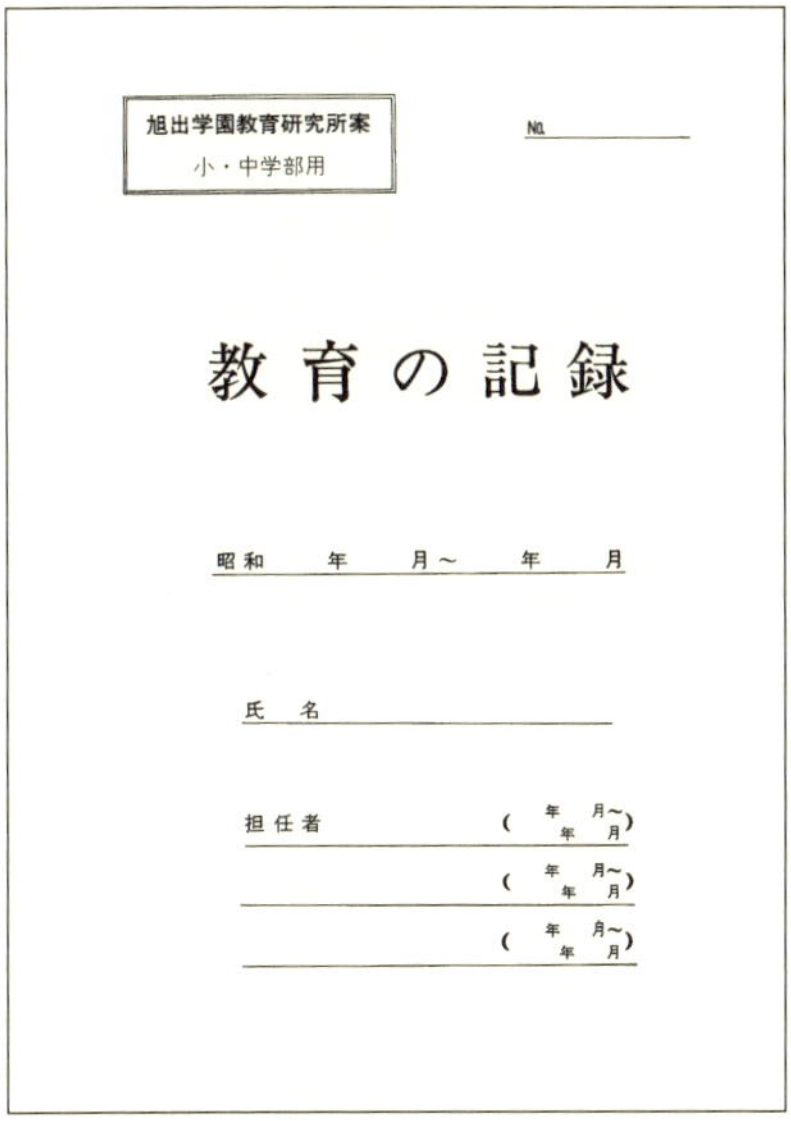
旭出学園教育研究所案
小・中学部用
No.
教育の記録
昭和　年　月～　年　月
氏　名
担任者　（　年　月～　年　月）
（　年　月～　年　月）
（　年　月～　年　月）

図1　『教育の記録』

　この記録簿の使い方について次のように説明している。時代背景を知るうえでも参考になるので、そのまま引用する。

一、この教育記録簿は、旭出学園の児童のためのものとして考えたものであるが、精神薄弱児のための養護学校・特殊学級あるいは、収容施設・通園施設での基礎的な段階の指導に当たっている人のためにも役立ち得ると思う。

二、これは個々の児童に即して、教育の具体的目標を立てるために、また、教育・指導経過の記録をのこし、教育の評価・反省を行うために役立つと思う。

三、この教育記録簿がよりどころとしている教育の考え方は、〝身辺生活の自立〟〝集団生活への参加〟などの順を追っていって、生産人としての自覚をもつ人間にまで育てていこうとするもので、その組立ては次頁の図表（後掲図２）のようになる。

四、この教育記録簿は、児童一人に一冊をあて、必要期間用いるものとする。

五、項目の立て方には精粗があり、従って一つの項目に含まれるものの量にも大きな差があるが、これは年少児童用として考えたので、低い水準の教育目標にはこまかく、高い水準には簡略になっている。むろん項目についていては検討すべきことが多いと思う。

このような項目は実践の結果から検討されるべきもので、机上での検討はある程度のところで終わり、一応のものを作っておいて、あとは専らデータの積み重ねをすべきであると考える。そのために、われわれの考えに賛同される方の御協力に期待している。

六、この記録簿の各領域の項目の中に欠けているものや、教育指導上必要と思われる項目は余白に自由に記入していただきたい。

七、この教育記録簿の使用に当っては、まず、学年のはじめころ、大体四月末頃までの状態で各項目について　◎よくできる、○大体できる、±できたりできなかったりする、△ときにはできるが大体できない、×全然できない、の五段階の評定をして「頭初」欄に記入しておいて教育目標を参考とし、その後の指導で変化が認められた時「変化」欄にその模様を具体的に記入する。すなわち、どんな指導を行ったらそのような変化がみられたのかを条件とその反応を関連づけられて考えられるようなデータが得られれば一番有難い。

八、この教育記録簿は実際に使ってみて、改良していくわけであるが、それとともに、実践によって研究課題を明らかにし、その検討をしていく手掛かりになれば幸いである。

「教育プログラム」の今日的な意義と一貫教育

「教育プログラム」にある図の意味するところは、近年頻繁に説かれている「キャリア教育」そのものである。①身辺生活の自立を土台にして、身近な集団生活へ参加し、人とのかかわりやマナーやルールを理解する、②家庭生活から学校生活、地域生活などの生活圏が広げられる、③それに伴い社会への関心と理解がすすみ、生活全般の常識や技術を身につけて社会参加をめざし、生産人としての働く意欲や態度、責任感を身につけていくという、人としての成長の姿を表している。段階を踏まえて一つ一つ身につけ、学童期から思春期、青年期、そして成人へと向かう。人が人間として成長するには長い年月と経験が必要になることがわかる図でもある。

発達段階を斜線で分けているのは、例えば、中学生になれば知的な遅れがあっても小学生とは異なる様相を示すであろうし、発達の段階や生活経験は一人ひとり異なるので、個人差が大きい。成長の過程は暦年齢で区切っても意味がないという考えによっている。困難さの特徴は似ていても、強い個性を持つ子どもたちの成長の道筋は、暦年齢で区切ることはできない。今すべき教育支援の重点をどこに置くか、優先順位をどう判断するかは個

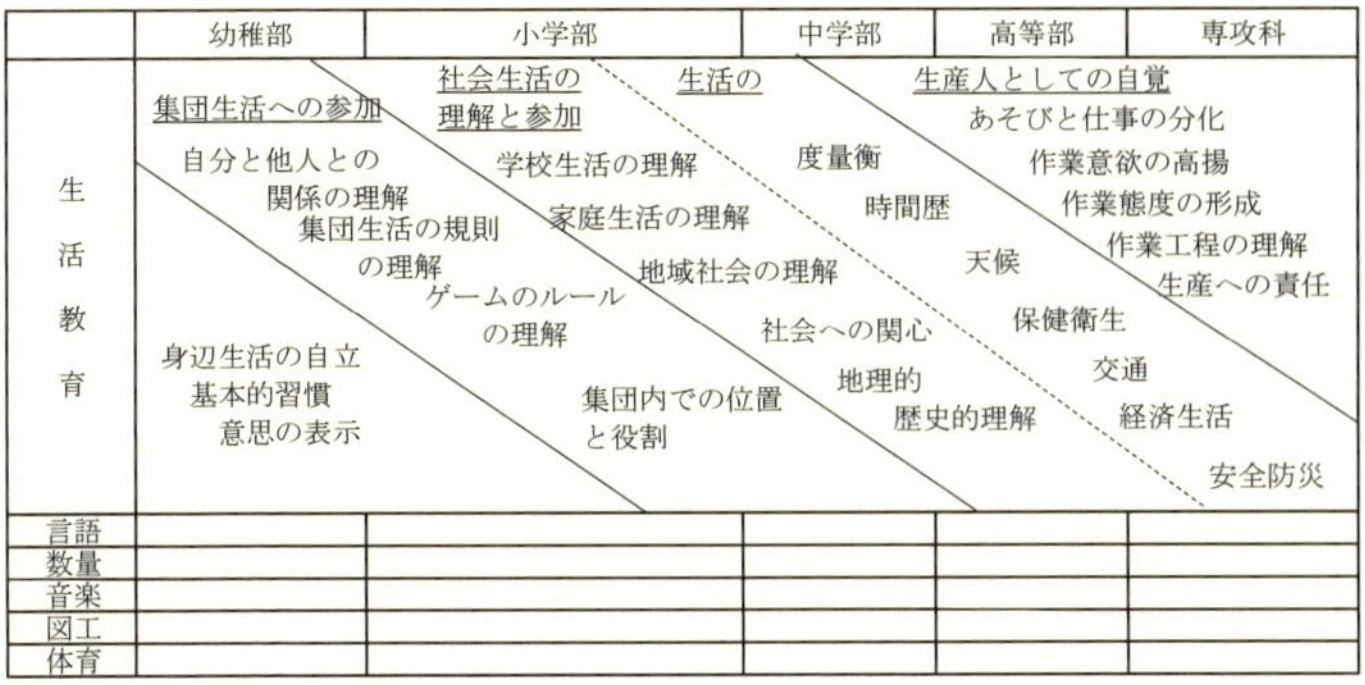

図２　教育プログラム

別の指導計画を立てる際にとても重要な視点となる。

筆者が旭出学園に入職した一九八一年（昭和五六）、新人研修として講義を受けた際に三木から新職員に署名入りで手渡された著書『精神薄弱児の教育（第二版）』（一九七五）の「第三章　精神薄弱児の心理　第五節　学習」には、精神薄弱児の学習過程として、身辺生活の自立、集団生活への参加、社会生活への参加と生活領域の拡大、生産人の自覚、知的学習に分けて解説があり、とてもわかりやすくまとめられているので以下で紹介する。

普通教育では、各教科を別個に授けながら知識や経験を蓄積し、生活を整えるように総合していくことを生徒自身に委ねているのに対し、そのような総合する力が弱いという知的障がい児の特性を考えれば、特別支援教育では「教科を合せたり、領域の内容を統合したりして日常生活に即し、総合的・具体的に教育をしていくことが求められている」と指摘している。教科に準ずる教育ではなく、子どもたちにとって適する教育をしなければならないのである。子どもをよく観察し、アプローチを工夫し、修正し、積み上げていくことが求められる。その意思を継承し、「国語」「算数」「理科」「社会」のような教科の名称は時間割には置かず、「総合学習」としている。

旭出学園は、一九七九年に幼稚部と専攻科を設置し、就学前から成人までの幼児児童生徒を教育機関で継続して支援ができる環境を整えることができた。一貫教育の良さは、子ども中心の教育活動が流れに沿って展開されることであり、これは特に強みになる。例えば新任の教職員は、以前から在籍している児童生徒に「先生、教えてあげる」と導かれ、どこに何があるか、友だちの名前や教職員の名前を教えてもらうことも多い。子ども主体の学校生活ができあがっているので、その環境に馴染んでいく。つまり旭出学園の環境は、子どもたちが中心であり、教職員の役割は、その子たちに寄り添うことであるといえよう。

何でもいいなりということではなく、「これやってみよう」「楽しいね」「上手にできたね」と身に付けるべきことを提示しながらできた喜びを共有し、自己肯定感を育てていくアプローチについて、幼稚部・小学部の教育からみていこう。

幼稚部・小学部の教育

幼稚部の幼児は、小学部の低学年と一緒に日課を過ごすことになるので、体力面や身辺処理能力などがある程度備わっている者が対象になる。

小学部の指導方針
・共感し情緒の安定を図る。
・身体全体を使ってコミュニケーションを取る。
・個に応じた指導をおこなう。
・発達の状態に即し、望ましい行動のあり方を指導する。

低学年は、学校という場所での生活が初めてなので特に丁寧な支援が必要である。一学年の定員は四名の児童であるから学級集団としては、一〜二学年相当、計六〜八名で、教員は三〜四名での支援体制になる。朝と帰りの着替えは身辺生活の基本的習慣に当たるものので、洋服の裏表の認知からボタンのはめ外しの手指の器用さ、ズボンの着脱時の体のバランスなど、副次的な育ちが期待できる。

「遊びの時間」は特に大切な時間として、登校後、昼休み、帰りのＨＲ前に毎日帯状に設けている。登校して身支度を終えた子どもたちから自分の好きな遊びに参加できる。三木が設計した庭には、ブランコやすべり台、ジャングルジムなどの遊具のほか、トンネルのある築山があり、葡萄や梅、柿などの果樹も植えられ、季節を感じることができる。雪が積もると、築山から段ボールすべりが始まって大人気になる。小集団で鬼ごっこをしたり、ボール遊びを展開し、教員が遊びの仲間に誘うこともあるが、ほとんどの子どもたちは自分で好きな遊具を持ち出したり、自転車に乗ったり、好きな遊具の所に駆け出していき、自分からしたい遊びを始める。室内でも、リクエストされた歌を教員がピアノやギターで弾いたり、絵本、プラレール、折り紙、ぬりえなどを「ください」と教員にいって遊具や道具を広げて遊び始める。この遊びの時間が一番教員の力が試され、発揮される時間になる。安全性の確保はもちろんだが、遊びを充実させる支援や展開を手助けすることが求められる。一緒に遊んだ経験はいつまでも覚えていてくれるようで、中学生になった生徒が「先生、リヤカーに乗って遊んだね」「虫採ったね」と懐かしそうに話しかけてくれることがある。楽しい時間を共有できるといつまでも仲よしでいられるのだ。また、遊びたいから着替えを早くするという児童は結構多い。

遊びは自発性や体力を育て、対人関係を学ぶことができる。もちろん言語活動が盛んに

図３　水遊びの時間

おこなわれるから言語能力、コミュニケーション能力を高めることにもなる。知的機能の高い児童の場合、好奇心を刺激し、校庭でみつけた虫を図鑑で調べるという光景もみられる。遊びを通して好きなものや好きなこと、それについて知る方法も身に付けられる時間になるのだ（図３）。

課題学習では、小グループ（二、三人）になることが多い。研究所所員による個別指導をおこなう場合もあるが、個に応じた課題を設定している。その際には知的発達の基礎になる言語と数量に分けてグループを変えて実施している。加えて「この先生とここでこれをやる」ということを納得して課題に向かう態度形成が大切になる。教員は児童の興味や関心、好きなキャラクターや友だちなどを知り、それを使って導入しやすくする。そのためにも一人ひとりの児童と一緒に遊び、生活を共にすることからアイデアを得ることが求められる。話す・聞く・読む・書く以前の課題に取り組む児童も多く、数概念形成の前の分別や仲間集めという課題に取り組む児童もいる。各児童の課題設定については保護者との面談で希望を聞いたうえで提案し共有している。

【振り返り】

基本的な生活習慣の形成については、乳幼児期から家庭でも継続的に指導されていることだが、小学生になっても課題が残っていることが多い。家庭と協力してできるだけやり方を同じにして取り組むことを心がけた。できそうな目標を立て、道具を考えて選ぶなどしながらスモールステップで、できたことをフィードバックしながらすすめた。目標としていることを達成させること、例えば、「箸で食べる」ことができるようになるには、「食べる時に使う箸」という道具の認識や「箸を使って食べたい」という意欲、「箸を使う」手指の巧緻性などの複合的な発達を要することがわかった。

言語の課題は、他人に理解できる発語に繋がるまでには、自他の区別、他人を意識して伝えたいという欲求や意図といった認知面での発達や、声を発するという機能面での発達

図４　お弁当の時間

など、多方面の発達を促さなければならない。構音障害（発音の不明瞭さなど）の課題が継続する子には、発音だけでなくサインも同時に使うマカトン法を利用し、コミュニケーションを取ってきた。サインなどの身振りを使うことで伝えたい、伝わったという本来のコミュニケーション能力が培われる事例が多くみられた。人への関心をもちやりとりをしたいという意欲や態度を基礎として、音声言語だけをコミュニケーションの手段と捉えるのではなく、サインやシンボル、写真、絵カードや文字なども手段として使えるものは何でも使うことを心がけたい。

定期的に実施している発達検査とS－M社会生活能力検査（第三章第三節参照）

の推移をみると、一般的に、知能指数は生活年齢の経過に沿って下降していくが、社会生活能力の指数はよい経験を重ねることで上昇するという傾向がみられる。

「精神薄弱者は治すことはできないが、活かすことはできる」と説く三木の考えは、限りない可能性を求めるという言葉とは裏腹のように聞こえるが、持てる力を活かすことに重点を置き、目の前の現実をよくみて、できることから伸ばしていこうとすることと読み解くことができる。パラリンピックの父ルートヴィッヒ・グットマンの言葉としてよく耳にした「失われた物を数えるな　残された物を最大限に活かせ」に、三木のこの言葉が重なる。

事例 ● 小学部：スモールステップで「箸を使ってお弁当を食べること」ができたAさん

旭出学園では、給食ではなく弁当を持参してもらっている。Aさんは小一の入学時点では、スプーンやフォークを使ってお弁当のおかずのなかの好きなものを口にする様子だった。目標は教員の励ましで、いろいろなおかずを食べることができるようになることで、食べられたら褒める、弁当箱を左手で押さえる練習をし、できたら褒めることから始めた。

学校にも慣れ、食欲も出てきたので、二学期には弁当を完食できるようになった。スプーンやフォークは〝握り持ち〟になっているので、〝鉛筆持ち〟にする練習を始めた。食べる前に持ち方を確認するが、途中で握り持ちに戻ってしまうことが続いた。しかし、三年になってクラスが変わると「お兄さんになった」という自覚も生まれ、自分から鉛筆持ちで食べるようになった。姿勢も注意すると気をつけることができた。四年になり、練習用の箸を使うことにした。なかなか自分からは持ちたがらなかったが、白飯が大好きなので食べることへの意欲もあらわれ、五年では、エジソン箸のリングを一つ外したものを自分から使って弁当を食べることができるようになった。学校ではできることも、家庭ではやらないということだったので、目標カードを作り、家庭でも箸を使ったらシールを貼るということにした。効果がみられ、六月には家庭でも使い始めた。六年時では、弁当箱を左手で持ち上げて食べることができたので、家庭でも茶碗を持って食べたら目標カードにシールがもらえることにするとすぐに定着した。箸の開閉は技術的にまだ難しい様子なので、課題学習のなかにも取り入れ、練習をしている。学校でできるようになってきたら家庭でも目標にすることで取り組めることも増えている（図4）。

中学部の教育

中学部の指導方針
・生徒の成長の喜びに共感しながら、仲間と共に成長することを援助していく。
・一人ひとりに適した言語・コミュニケーション手段を大切にする。
・ケースカンファレンスを設け、個別の指導計画を作成し、個に応じた指導をおこなう。

この時期の子どもたちは、自分が求めるものを追求するだけでなく、社会から求められるものにも意識を向け、身に付けていくことが大切になる。旭出学園の中学部の教育の特徴の一つは、作業学習の開始である。教育プログラムにもあるように「あそびと仕事の分化」が中学部の主なねらいになる。作業中は「静かに取り組む」「自分の場所にいる」「仲良くする」などのルールを守って、生産物をみんなで力を合わせてつくっていく。さらに、その製品が役立つものであることも体験する教育活動である。総合学習でもあるので、言葉の理解や言葉遣い、数量の処理、材料の仕入れから販売までの流通の学習なども盛りこみ、適宜説明しながら理解を促している。

一九七八年度は、木製の連結汽車という玩具をつくり、目黒区にある駒場幼稚園に届けて交流会をおこなっていた。園児の前で玩具のつくり方を紹介して、園児たちと一緒に昼食をとり、午後は一緒に遊んで帰ってくるという交流会であった。また、連結汽車はフレーベル館に販売委託をしていたので、フレーベル館の板橋倉庫に納品しながら倉庫の機能についての学習を年一回おこなっていた時期もあった。近年は、カレンダー作りと手ぬぐい作りが作業種目になったが、作業学習でねらうことは同じである（図5）。

作業学習は具体的な活動であり、目の前で物に変化を起こすことができる。それを周りの人たちがみて、「上手だね」「きれいだね」などと褒める。褒められるといい気分になり、「またやろう」という意欲をかきたてる。このサイクルが自信となって、他の生活や学習へ広がっていく。「自己肯定感」を形成するにはよい学習活動である。

総合学習は、日常生活の技術を養う学習や身近な自然・社会を題材として関連する事象を学ぶものである。例えば、楮《こうぞ》を校庭の隅に植え、枝を切り取り、皮を剥いて煮詰めて叩いて「和紙」を作る学習、小さな畑に麦の種を蒔き、育った苗を踏んで、枯れてきた小麦を刈り取り、石臼で挽いて「うどん」を作るまでの工程を学ぶこと、月の変化の観察、影、鏡、空気、磁石を利用する学習など、題材は豊富である。学習時間内に知識や技術が定着しない生徒はいるが、個別の指導計画に基づいて、実物や写真、マカトン法の使用、こと

図５　カレンダー作り（印刷作業）

ばとのマッチング、類似物の分類などといった教材教具や支援法の工夫などを積み上げ、授業を実践している。そのときに興味を示さなかった生徒が、高等部になって、空を見上げて指さし、「月、白」と教えてくれたり、「ママ、影あるね」と突然いわれて保護者が驚いたという話も聞くことがある。一貫教育のよさで、生徒の教育効果がいつ発揮されるか未知数であるが、学部が進んでからもこうした話が聞けることは嬉しく、授業のやりがいも感じられる。総合学習では、応用力のある生徒もいるので、さらに深い学びになるようにＩＣＴの活用なども進めている。中学生時代の知識欲が旺盛であることを実感する。

事例

● 中学部：作業学習で失敗を受け入れ、折り合いのつけ方を学んだBさん

Bさんは自閉的傾向と診断され、小一から学園に入学した。専攻科三年を修了し、現在はB型事業所に就労している。予定の変更が苦手でパニックになることや、学校を休んでできなかったことは、必ず家庭で実行しないと気が済まないところがあった。教員が休んでも「〇〇先生、できなかった」と気に病む様子があった。今よりも次のことが気になってしまい落ち着かない様子もしばしばみられた。一週間の予定を記入するダイアリーを常用し、予定の変更は予め伝え、「そういうこと（とき）もある」「残念」と言葉に出すこと、身振りを付けて「ざんねん！」と一緒にやってみるなどして、気持ちの切りかえ方が身に付くように配慮してきた。

Bさんが中学生のときは、前半はカレンダー作り、後半はマフラー作り（平織り）に取り組んだ。作ったカレンダーは、模擬店で販売し、マフラーは家族などに使ってもらった。自分が作ったものが家庭に飾られたり、家族が使うことで作った品物の価値が理解でき、作業の喜びを増すことになった。作業に対する意欲や態度を育むとともに、身近な道具を

扱うことで巧緻性が向上し、技術を積み上げた。また二人組で作業をおこなうことで友だちと協力できるようになり、「できました」「お願いします」などのコミュニケーションを培った。作業学習に含まれる数量概念や語彙なども丁寧に支援してきた。

自分でできることを理解することで、褒められることも多くなり、自己肯定感を形成していくとともに、セルフコントロールを目標にして「できなかったとき」や「失敗したとき」に「ざんねん!」と言葉に出すことで気持ちを収めていく支援をおこなった。その結果、カレンダー作りで「汚れているからやり直し」という注意を聞き入れ、きれいに印刷し直すこともできるようになった。

Bさんの発達検査の推移をみると精神年齢は緩やかに伸びている。S-M社会生活能力検査の推移からは、コミュニケーションの力に比べ、身辺自立や移動、作業などの数値が伸びていた。具体的な経験を重ね、やることに自信を持つことで、集中力もつき、自己統制力が徐々についてきていることが裏付けられた。しかし、中学部以降の学校生活でも何度も繰り返し「ざんねん!」「そういうこともある!」と切り替えの言葉を練習してきたが、納得できる場面は限られていた。

卒業後の職場巡回では、就労先でもやはり予定の変更の受け入れにくさや失敗を恐れて過度な確認を繰り返すことが多くみられると聞いた。家庭や職場などでも納得できるように、「できないこともある」「熱があるときはお休みする」などを前もって伝えたり、メモに書いて自分でも視覚的に確認できるようにするなどのアドバイスをした。学校時代に手ごたえのあった支援法を伝えることで、本人自身の気持ちに折り合いをつけられるようになることを今でも期待している。

高等部の教育

高等部の指導方針
・青年期の人格を尊重し、自主的な行動を促す。
・一人ひとりの興味や関心に応じた力を発揮できる場を用意し、意欲を引き出す。
・地域社会との交流を通して社会参加への関心を広め、実践できる態度を身に付ける。
・学習したことを社会生活に生かせるよう支援する。

思春期から青年期に移行する高等部の教育は、自分について知ることと社会を知ることの双方向の学習を展開して、社会で自分がどう生かされるか、自分らしさをいかに発揮するかを学ぶ学部と考えている。

青年期は精神面や身体面が著しく成長し、社会の出来事や仕組みに興味を持ち始め、関心が高まり、社会参加を意識する時期になる。仕事への意欲も態度も形成されつつあり、作業時間も午前と午後の一日作業が可能になる。どの作業種目を担当するかは見学や体験を通して自分で選ぶ（図6）。生活学習は自立に向けて衣食住にかかわる内容について実習を中心とした方法で支援している。中学部までに学んだ基礎的な学力は日常の生活や授業、体験的な学習などで経験を積み上げて、更に生活の範囲が広がるように配慮している。

高等部では自分で目標をたて、目標達成に向かう努力を重ねていくように支援している。委員会や役割活動などで、クラスの仲間と学校行事や学級活動のために頑張る生徒、自分の将来に向けて現場実習に目を向ける生徒、余暇活動で友だちと楽しく過ごすことに目標を置いている生徒、二年生で親元から離れて生活自立寮で約六週間の生活体験をすることに目標を置いている生徒、運動で体力をつけ技術を身に付け大会で活躍することをめざしている生徒など、さまざまである。教員は目標が達成できるように、常に寄り添いながら支援し、そのなかで生徒が相手の立場を理解し、自分の行動を見直しながら他の人との関係を広げられるように配慮している。

高等部から入学し、なかなかクラスの友だちや教員にも馴染めず、いつも視野の端っこ

図6　やりたい作業を選ぶ

に行ってしまう様子で発言も少ない生徒が、「夏休みの余暇活動を計画する」という学習活動で、「カラオケに行く」という余暇を提案し、友だちが三人以上集まったら実行できるという約束で、計画をプレゼンし、仲間集めを開始した。五人以上の仲間が参加を希望し、カラオケに行き、レストランで食事をするという余暇活動を実施することができた。その後、「(月曜日の全体)朝礼で誕生日の友だちを紹介して、ハッピーバースデイを歌ってあげたい」「目標設定委員会の委員長に立候補したい」など次々に自分自身のやりたいことや目標を発言し、その実現に向けての取り組みを進めていくようになった。委員長選挙では、三回の落選を経て、専攻科一年生で、当選することができたときは両手を挙げて喜んでいた。思いが叶う経験をすると、目標に向けて努力する力もつくという成長がみられた事例である。

事例●高等部：自分で選んだ作業をやり通す力をつけたCさん

建材用ブロックづくり、園芸、手芸、タイル工芸の四つの作業のうちの一つを自分で選択して、一年間取り組み続ける。自分でやりたいことを選ぶことは、とても大事なことだが、選択すること自体が不得意な生徒も多い。日常生活でも選択するという経験を重ねていくことで、選択肢を比較して一つだけ選ぶことを理解し、自分のやりたいことを選べるようになる。初めてのことを目の前にして、何をするのか、自分は何をやりたいのかはっきり決められない生徒はまずは、選ぶ、やってみる、やり方を覚えることから、自発的に取り組む、好きになる、と発展していく。毎年同じ作業を選ぶ生徒が多いのは、できるという自信を持ったからだろう。

自分からは選べそうもなかったCさん、三年目も同じ作業を選ぶのではと予想していたのだが、今までやっていたブロック作りではなく、手芸を選んだ。「本当ですか？」と何度聞き返しても指さすのでやってもらうことにすると、よく取り組み、上達はゆっくりだが、クロスステッチも何とかできるようになった。自分の刺繍をつけた手提げ袋ができるととてもうれしそうに持ち歩いていた。みていないようでちゃんと周りの様子をみていることや、意思表示をして自分の選択した作業に取り組むことで、意欲、技術、態度の成長がみられることを改めて教えてもらった。

専攻科の教育

専攻科の教育方針
・大人として関わりながら人格形成を図る。
・生徒の要求に対し、自分で問題解決できるように適切な指導・援助をおこなう。
・卒業後の生活を意識できるような働きかけをおこなう。

専攻科は全国的にも設置している特別支援学校が少ないということもあり、近年は他校の高等部を卒業した入学希望者が増えている。旭出学園に入学を希望する生徒の多くは、ゆっくりと少人数で丁寧な積み上げを望む生徒が多く、また教員も高等部と専攻科の計六年間で社会への移行を支援することに意義を感じている。そのため専攻科からの入学は内部進学者が一〇名の定員に満たない場合、かつ入学希望者が三年間で本人の望む社会への移行が見込まれる場合、という基準で選考している。

この時期は、成人を迎え精神的にも身体的にも大人になり、社会の出来事への関心も一層広がり、いろいろな経験を通して社会性が身についていく。現場実習などで自分に向いた仕事に気づき、将来の生活設計を考えられるようになった生徒に、「自立と社会参加」をめざした最終的な教育支援をおこなう。社会に巣立った後はアフターケアの体制を整え、生涯支援という方針で進めている。

高等部専攻科のカリキュラムは、学校を修了して社会で生活する際に必要だと思われる「職場生活」「家庭生活」「地域生活」の内容で編成している。【総合学習】では、社会生活を営む上で必要と思われるテーマを決め、「情報を知る、考える、判断する、行動する」の流れで学習を進めている。そのために体験型学習を重視し、そこで得た学びをより豊かな生活を営むための力として身に付けるように配慮している（図7）。

【作業学習】は、〝ペーパーワーク〟（印刷・丁合・ベルマークの収集と集計・紙のリサイクルなど）と〝アグリ・クリーン〟（農業・カフェ営業・清掃・清掃グッズ製作など）を設け、

図7　現場作業に向けた校内実習

受注の形態で依頼を受けた仕事に責任を持って取り組めるようにしている。自分たちの作業が人や社会の役に立っていることや働く喜びが実感できるように、領収書と引き換えに直接賃金をもらうなど、仕事をして報酬をもらう実体験ができる学習を実施している。

【健康】では、栄養、運動、休養について学び、卒業後も健康に配慮して生活できるように、体力を維持できる運動などを取り入れている。二〇一五年から、二月にウォーキング大会を企画し、学校から武蔵野市吉祥寺にある井の頭公園までの行程を二〇キロメートル組と一四キロメートル組に分かれておこなっている。大会に向けて、学校近くの石神井公園や武蔵関公園までなど毎週ウォーキングの練習を積み上げる。

【芸術】は、豊かな情操を養うことをねらいとし、将来の余暇活動につながるように〝美術〟と〝音楽〟を主な活動としている。隔年でおこなわれる舞台発表と展示発表に向けて観劇や美術館見学を体験する。近年、専攻科の舞台発表は『ライオンキング』が定番になりつつあり、劇団四季の『ライオンキング』を観劇してから、配役のオーディションをおこなうなど、イメージを持って取り組むことで迫力のある舞台になってきた。

【生活学習】では、「衣食住」の〝食〟の学習を中心に進めている。コロナ禍においては調理実習ではなく、エコバッグ作りや除菌についての学習をおこなってきたが、調理実習が復活した。

【進路学習】では、各自の生き方を考え、一人ひとりの進路を考慮し、小グループに分かれて学習している。

高等部専攻科は最後の学校教育の場になるので、一人ひとりが充実した学校生活を過ごして自分の強みや弱みを自覚して、強みを生かす職場での実習を体験して、将来やれるかどうかを考え、難しい場合には再度チャレンジして自分に適した進路先を選択し、社会に巣立っていくことに専攻科の教育の意義がある。

事例

●専攻科：学校行事「二十歳《はたち》を祝う会」でのDさんの決意文

旭出学園のほとんどの生徒が専攻科二年で二十歳を迎える。毎年一月に、学部交流として中学部、高等部と一緒に二十歳を祝う会を開いている。その中のメインは、これまでの成長を保護者から届いた写真とコメントで振り返り、二十歳という節目を迎えた思いを「決意」として会場の参加者に聞いてもらうことである。発表するまでには、自分の名前の由来を聞いたり、写真で成長を振り返ったり、卒業後はどんな生活をしたいかなどを話し合ったり、考えたりして決意文を作成している。Dさんの決意文である。

私は、八月六日に二十歳になりました。
専攻科を卒業して、お仕事をして、給料をもらって、
お父さんと　お母さんと、お姉ちゃんと　一緒に　レストランに行きたいです。
お父さん、くるまで　おくってくれて　ありがとう
おかあさん、おべんとうを　つくってくれて　ありがとう
お姉ちゃん、いろいろおしえてくれて　ありがとう

図8　二十歳を祝う会で決意文を読み上げる生徒たち

みんな　大好きです

これは、一文ずつ、スクリーンに映し出され、本人はマイクに向かって声を出し、手を動かして身振りやサインで伝えた。リハーサルの時よりは緊張していたが、晴れ着がよく似合っていて、最後のお辞儀までよくできた（図8）。

その生徒なりの表現の方法で、決意文は発表されたが、ｉＰａｄを使う生徒も増えてきて、文字入力すると音声が出るもの、マカトンシンボルをタッチすると文が読まれるものなどと操作をシンプルにするなどの工夫もあった。

こうした経験は、儀式的なものであっても、「自分はやれた」という自信に繋がるだろう。これをみている後輩は、次は自分の番だと思い、高校生は私も二十歳になったらと心の準備を始めたのではないかと想像する。

「一八歳を成人とする」という二〇二二年四月からの制度変更でも、自分が成人した自覚とそれを周囲に伝える場としてのこの会は、人生の節目とする大切な行事の一つとして残していきたい。

事例

●専攻科：自分の進路を自分で選んだEさん

Eさんは中学部から入学して専攻科三年まで在籍した。中学部の時代はいたずら好きだったが、自分の意見をしっかり持っている生徒であった。作業学習も学年が進むにつれてリーダー的な役目を担い、行動的にも落ち着いて高等部に進学した。高等部では「僕は職場実習には行きません。学校生活を楽しみたいです」といって、校内での学習に徹して三年間が過ぎた。

専攻科に進んだ最初の進路面談では、「父のようにスーツを着て通勤したいですね。それがだめなら店でも出しますか」というような受け応えだった。憧れのPC入力もそれほど得意ではなく、体力も十分にあるというわけでもなく、若い女性教員には厳しい口調で接することもあったが、重度の仲間には優しく接し、「○○ちゃんは、□□が好きなんだよ」と活動に取り組まない友だちを助けたい気持ちを表現する優しい生徒であった。

本人の希望を取り入れ、スーツで通い、PC入力に取り組む企業を実習先に選んだ。ところが、企業からの評価は厳しいものであり、本人も「座り仕事は自分には合わない」と反省した。

次の実習は、仕分けや箱詰めなどの実務やPCの入力のある企業でおこなった。企業からの評価は良いものだった。本人に感想を聞くと、「注文の品をピックアップして箱詰めする仕事やダイレクトメールの丁合や封入は良くできて自分に合っていると思う」との感想であった。二つの現場実習において企業の比較をして、自分に合うか合わないかを判断するEさんに専攻科の教育の意義を感じた。将来の生き方を決める職場を体験しながら自分に向いているかどうかを判断する、この学びの機会を生徒に合わせて設定することは、専攻科という長い教育期間があるからできることである。

Eさんは、職場巡回やフォローアップの会のときには、会社の話もしてくれる。「今、手話の勉強しています。同僚で、手話で話す人がいるので」と語り、「手話で話すのは難しい」というので「よく使う言葉、二、三語から使ってみるといいよ」とアドバイスしたが、仲間のために自分でできることをしようという優しさは、今も健在である。

生活自立寮での教育

支援方針
・一人ひとりに応じた基本的生活習慣の定着をめざし、安定した生活を支援する。
・自分ができる日課や役割活動をおこない、自信を持って生活できるように支援する。
・家庭から離れた共同生活の経験を積み重ねることで、達成感と自信に繋がる支援をする。
・自由時間や余暇の過ごし方を支援する。

一九九九年度から「生活自立寮」の運営を始めた。練馬区大泉へ移転してから長らく生活教育を実践してきたやよい寮、さつき寮での生活支援の蓄積を生かし、高二になると小グループに分かれて全員が利用する寮として再スタートした。当初は、親元から離れて寂しい気持ちを乗り越えて自立心を形成するには二ヵ月はかかるだろうということから高二は一グループ八週間、専二は六週間を原則とした。施設は教職員寮を改装したものであり、八部屋だった。

グループ編成をすると、年度によっては当初の期間を確保することができないこともあったので、二〇一二年度頃からは、高二、専二向けに四週間のカリキュラム入寮をおこなう。月曜日に入寮して金曜日に帰宅という中学三年生以上の生徒を対象にした一週間の体験的な入寮もおこなっている（図9）。

入寮前には、保護者からは家庭の様子、担任からは学級での様子などを聞き取り、本人の生活態度や技術などの実態を把握したうえで、寮生活における目標を定める。合宿などで家庭から離れて生活することはあったであろうが、土日帰宅したとしても二週間、四週間と続くと、ストレスを感じてしまう。事前準備として部屋を見学して、期間や日課、同じ時期に入る友だちを紹介するなど生徒の心の準備を大切にしている。また、配膳を手伝う、朝洗濯物を干して、それを帰寮後に取り込む、掃除の分担などがある一方で、校内の寮だから放課後は体育館もグラウンドも独り占めできるなど、メリットもあることを認識させる。こうした共同生活と自分のことの処理の繰り返しの寮生活は自立心と自律心を育ててくれる。入寮期間を無事終了した生徒には「四週間できた！」という達成感が湧いてくる。その自信は専攻科での二回目の入寮で確固たるものになってくる。

図9　寮生活でのようす

「生活自立寮」は、生徒らの将来の独り立ちした生活や、グループホームでの生活をイメージしている。学校での体験が、社会人になって役に立つことを願っている。

コロナ禍の二〇二一年度のカリキュラム入寮は四週間おこなったが、各家庭の協力もあり、感染防止対策を徹底したお陰で、寮での新型コロナウイルス感染者は一年間出なかった。寮職員は三人交代制でおこなってきたが、学部教員の支援がなければ実施できなかった。教職員全体の協力で生活自立寮の運営は成り立っているが、昨今の働き方改革で教員に負担があるという意見も出ている。しかし、私学の特色を出さなければ、学校運営の継続は難しい。生徒ファースト、生徒の今と未来の幸せのためには寮生活は貴重な体験になっているという認識を教職員で共有したい。二〇二四年度のカリキュラム入寮は、生徒の人数を五名にし、期間を五週間にしておこなう予定である。

事例●生活自立寮：仲間と過ごすストレスと楽しさを経験したFさん

Fさんは、高二でのカリキュラム入寮の六週間は無難にやり過ごした。家では自由に過ごすことができ、友だちも嫌いではないようだが、学校生活と寮生活、四六時中一緒では気が抜けなかったようだ。友だちには優しくしたいし、関わりを求められれば応えてあげたいといったことが、学校生活だけならば無理があっても家で発散できたが、寮での生活が続くとそのストレスを感じたのではないだろうか。

高三で一週間、専一で一週間の体験入寮を経て、専二で六週間のカリキュラム入寮をした。寮生活では仲間と過ごすことも、一人で時間を過ごすこともできるようになり、寮生活を楽しむことができた。

兄弟姉妹のいない家庭は多くなっている。兄弟姉妹の関係で人と人との関わり方の基本を学ぶと思う。青年期に寝食を共にする寮生活を体験することは貴重である。Fさんのように五年間の経験から自立心や友だちとの協調性、時間の過ごし方などがわかってきたケースもある。生活という具体的な活動のなかで、このときには何をすべきか、誰に何をいえばいいのかなどを獲得していった。

生活教育――豊かな生活ができる人に

創立六〇周年記念誌のタイトルは『原点にかえる――生活教育・生産教育・生涯教育』であった。学園の教育の特色が、生活による教育、生産の喜びを知る生産教育、卒業のない学園をめざす生涯教育の三本の柱であるからである。

生活教育とは、主に家庭生活や地域生活、社会生活という生活圏の広がりに適応できる意欲や態度、技術を身につけることをねらいとする教育である。衣食住に関わることを中心に、食事、清潔（手洗い、歯磨き、身だしなみなど）、排泄、衣服の着脱、清掃、買い物、意思表示といったことを学校教育で身につけ、成人期には「ＡＤＬ（日常生活動作）」として表される。その自立度によって障がいの支援区分や介護の程度が認定されている。

「生活には潤いが必要である」ということから学園では「行事による教育」に力を入れてきた。これは、「ＱＯＬ（生活の質）」とも連動することである。「生活の教育とは、生活そのものを整え、よりよく生活できるようにすることである」「生活が、よりよい形で運営されること自体が教育の働きをするものであり、そうした生活をすることで、生活の力を得るのである」「最も適切な生活の場が、最もよい教育の場である」など、三木は多くの著書で生活中心の教育の重要性を説いている。

行事による教育

「行事は日常生活のスパイスである」ということばもあるようだが、学校生活においては、行事はスタートであり、ゴールである。そこへ向かって学びを積み上げ、次の目標を認識する。行事や特別なことが好きで、わくわくしていつも以上に張り切る児童生徒も多い。他方、日常の変化を好まない生徒もいるが、行事体験を繰り返していくことでやることを理解し、受け入れ、納得し、力を発揮できるようになることは毎年感じられることである。

高等部に入学してきたときは、みんなと一緒にラジオ体操もできず、校舎の横で職員と体操らしい動きをしていた生徒が、高三の運動会では、朝礼台の上で模範演技をしている光景をみると、その成長ぶりに驚かされる。

毎日繰り返しおこなうことで身に付く日常生活の技術や知識、ドキドキする楽しみや意欲につながるさまざまな行事による教育は学校生活のなかの生活教育としてどちらも大切な学習活動である。

『旭出学園教育双書5　行事による教育』（一九八四年）は、三木が同年五月三一日に逝去したため遺作でもあるが、まえがきに「本書の作成に当たっては、三木先生の構想を下敷きに、病床にある先生を力づけるのにはこの本よりまさるものはないという気持ちで、多くの職員たちが協力してまとめあげた」と上野一彦現理事長の記述がある。学校の行事だけでなく、生産福祉園の行事、寮生活のなかの行事についても、それぞれの実践についてて担当職員がグループに分かれてまとめたものである。「第一章　教育における行事の意義と位置づけ」は三木が執筆している。

「精神薄弱児教育に対して一般の教育課程に〝準ずる〟教科学習、系統学習をしていくことは無理であり無駄なことである。それならば、どういう教育をしていったらよいかといえば、具体的な生活経験を通して生活処理の能力を高めていくより途がないのであって、戦後の一般の教育においても経験学習あるいは生活学習か、教科学習あるいは系統学習かということの理論闘争が行われた際に精神薄弱児教育では生活学習・経験学習が主流となってきたことは当然のことであった」と生活学習、生活教育の有効性を説いていた。また、「精神遅滞児の場合、集団参加を困難にしている障壁を取り除いていくことが必要で、それによって生活のためのルールを習得させたり、コミュニケーションの方法を開発し、言語能力を獲得させ、思考力を発達させていかなければならないが、そうした教育指導については、教科学習的なものより、行事などによる生活学習的なものの方が有効である。つまり行事的、レクリエーション的なものは生徒たちにとって集団参加への誘意性が高いと考えられるからである」と行事の教育効果に触れていた。児童生徒に適する教育的な行事を計画実施することが、私たちに課せられている。三木が提案した行事の類型を参考にして現在の行事を分類してみた。

①生活の節目となるもの

入学式（四月）／始業式（学期始め）／終業式（学期終わり）／卒業式（三月）／入学考査（二月）

入学式や卒業式は、門出や巣立ちの節目であり、新しい場所への期待や意欲を意識づけるねらいがある。終業式では、それぞれに通知票を受け取り、学期単位での成長を自覚してもらう。入学考査を挙げているのは、生活に節目をつけるという意味で、上級に進むという意識と覚悟を新たにするというねらいがある。入学考査の際には、生徒たちは緊張して取り組み、合格して進学によって生活態度が変わっていく生徒も少なくない。

②祝辞的行事

創立記念日「青葉のつどい」(五月)／勤労感謝祭・勤労賞授与(一一月)／二十歳を祝う会(一月)

勤労感謝祭は旭出学園独特のものであり、学園として最も力を入れてきた行事である。学校と生産福祉園の合同行事として継続している。その意義は、生産教育は旭出学園の中核的な活動として、一人ひとりの力に応じて働くことができ、働く意欲や態度、生産人としての自覚、社会人として価値のある人になるということにあるからであり、そのような人になったことを祝福し、またそうした人になることを願い、今あることを共に感謝する行事である。勤労賞授与式などの式典のほか、秋祭りのように模擬店も各部で出し合うなど、みんなで一日を楽しく過ごす日になっている。

③生活経験の拡大のための行事

遠足(春・秋)／社会見学(随時)／職業実習(各自・随時)

総合学習のまとめとして、ごみ焼却場やリサイクルセンター、防災館、消防署、体育館、美術館などを見学する。それぞれの学習のなかで理解を深めるために、その都度、見学先は変わる。実際にみる、施設の人の話を聞く、質問するなどのやりとりも含めて見学する機会を持っている。遠足には、親睦的な意義や体力増進的な意義もあるが、交通機関の利用や行き先について調べることなどを通して生活経験を拡大していくことも含まれる。

④生活訓練的な行事

校内合宿（一学期　小学部全学年・中一・高一）／校外合宿（八月　中学部・高等部、一〇月　小三以上）／体験入寮（中三・高一・三年・専一・三年）／カリキュラム入寮（高二・専二）

小学部の合宿は、まず校内で教室に一泊するもの、次いで校外で二泊三日するものをおこなう。場所は変遷してきたが、近年は高尾山の登山も含め東京・多摩地域の施設に泊まり、三年生以上でおこなっている。合宿のねらいは、二四時間の生活の様子をみるということもあるが、親元から離れて、仲間と生活することは、児童にとっても保護者にとっても貴重な経験になる。中学部、高等部の合宿は、これまでもいろいろな場所でおこなわれてきたが、近年は練馬区立のベルデ軽井沢でおこなっている。区立の学校や区民のためにつくられている施設であるので、開催時期は公立校が使用しない八月下旬の夏期休業中である。中学部は二泊、高等部は三泊でおこなっているが、場所にも活動にも慣れて、自発的な行動や積極的な役割参加、目標、活動の工夫などがみられ、学年が進行するにつれ成長を感じることが多い。長い夏休みの後半での実施のために、家庭には夏休みの目標としてハイキングができる体力を維持すること、入浴の準備や身体の洗い方を練習することなどを挙げて取り組んでもらっている。夏期合宿が終わると、すぐに二学期が始まるので、よいスタートが切れるという利点もある。

⑤学習発表の場としての行事

運動会（一〇月）／展示発表会・舞台発表会（二月）

発表会は、各学部の体育や音楽、図工・美術といった学習活動を友だちや他学部の児童生徒、保護者、招待客などにみてもらうよい機会である。表現者として観客にみてもらうこと、観客になることとどちらも経験するので、その評価や反省がフィードバックされて、次の機会の能力を発揮するにはよい刺激になっている。練習や作品作りの過程で、自分のできることを自覚し、自信を持った行動ができるようになる生徒も多い。舞台発表で輝くスターたちが毎回現れるのはとても楽しみになる。小さな学校であり、幼稚部・小学部から専攻科まで、一堂に発表の場を持つことで、子どもたちの成長する姿を共有できることが本校の特徴である（図10）。

⑥余暇指導的な行事

修学旅行（中三・高三）／研修旅行（専攻科）／クリスマス会（一二月）／余暇活動（高専夏期）／観劇

人がその生涯にわたって豊かな生活を送っていくためには、〝働く〟ことと〝楽しみ〟を持つということの両面が必要である。それは、人間生活の緊張と弛緩のリズムであり、どちらか一方であっては本当の生活ということはできない。旭出学園では〝働ける人〟を

図10　舞台発表会のようす

育てることを教育目標にしているが、それと同時に〝楽しめる人〟になることをねらっている。小学部の遊びの時間での活動から中学部、高等部、専攻科と「どのようなことをしたら楽しめるのか」を追ってくると、ＴＶから流れる情報や友だちからの影響などで年齢とともに変化する。そのなかでも旅行は楽しみにしている生徒は多い。

寮や学級・学部のお楽しみ会の企画や準備、片付けも含めて体験して、好きな行事をみつけることができ、自分から取り組み、計画できるようになればと思う。

生産教育——働くことに喜びを感じる人に

一般的には「作業学習」と呼んでいるが、三木は「生産人の自覚」を教育の最終目標として「自分の力を発揮して生産活動に参加し、周りの人たちからそれ相応に認められる」ことを話していた。ここまで、学部紹介という形で作業学習の教育効果や事例報告などをおこなってきたが、一貫教育の観点から述べてみようと思う。

中学部から始まる作業学習は、どのような生徒も従事できる作業種目を用意することが望ましい。しかし、どの作業種目でも作業工程を分析すると、どの生徒にも適した役割がみつかる。作業学習の初期には「楽しい」体験が必須条件である。「社会に出たら厳しいのだから学校時代から慣れさせておいた方がよい」と苦役になるような作業学習の指導をされた教員が他校にはあったようだが、三木はそのような指導を戒めていた。

楽しければまたやりたくなるのが、学習のポイントである。作業学習には生徒の行為によって生産物がうまれる。生産物を介して人とのつながりができる。「おいしい」「きれいだ」「便利だ」「役に立った」などといった生産物に対する人の評価は、作業に従事する者に届くと、生産への意欲を掻き立てられる。これは一般社会でも同じである。他者の評価は、生産者の「更に高みをめざして」という意識になり、目標になる。この好循環は、学校教育の作業学習でもいえることである。

また、生産工程では、一人だけの力ではできないことが多い。共同性が伴い、分担、協力、調整、納期、運搬などが生まれ、適材適所に配置されてそれぞれの部署での目的別行動が求められる。

旭出学園の教育プログラムの「生産人としての自覚」には、「あそびと仕事の分化」「作業意欲の高揚」「作業態度の形成」「作業工程の理解」「生産への責任」とあるが、小学部でよく遊んでいた児童は、中学部の作業学習の場面では力を発揮する。前述したように遊びは勝手に中断することができるが、作業学習ではルールがあり、勝手にやめてしまっては流れ作業の場合には困る。毎回の作業学習の活動で、作業を終えると「できました」と伝える、いわゆる「報告、連絡、相談」の初期の行動が身につくように支援する。

「作業意欲」は前述したように他者の「褒め」「励まし」によって意欲的になる生徒は多い。「作業態度」の形成は、興味のある種目や得意な技能を要する種目であれば、集中して取り組み、自ずと作業態度もよくなる。反対に、興味や関心が低く、こだわりの強い生徒への作業態度の形成は時間がかかる。黒子式支援（あたかも自分がやったような感覚を抱く支援）や見本を示して始めることが多い。作業工程を分析して、できる工程をつくり、補助具などの開発をして取り組んでもらい、作業時間には「〇〇のことをする」という習慣をつけることが態度形成になる。

「作業工程の理解」については、木製連結汽車をつくっていたときには同じ場所で全工程での作業をおこなっており、「染め」「みがき」「組立」「塗装」の役割分担で作業を進めていたので、理解度は促進された。作業学習では、同じものを長期間にわたって生産することが多いため、理解度は進む。材料の仕入れから生産、販売、お金の管理までのどの工程にも生徒の関心や能力によって参加が可能である。生徒のなかには、効率性を考えて生産活動をする者もいる。作業学習には奥深い内容が秘められている。

自分の担当した作業種目を中学部から専攻科まで体験することで、働くことの大切さに気づき、生産活動に従事することで「労働と賃金の関係」がわかってくる。いろいろな仕事があるなかで、自分は何を得意とするか、強みは何か、また、弱みは何かを自覚して社会人になるわけだが、職場実習の意義は大きい。事例報告でも触れたが、抽象的な思考を苦手としたり、相手の心の状態を読むことを苦手としている生徒には、現場実習は貴重な体験になる。その体験から自分の弱み、強みに気づくことがあるからである。障がい者の合理的配慮を拡大解釈して「障がい者の就労については、体験してわかることが多いことから、企業や事業所は障がい者から職業体験の申請があったならば断ることができない」

という経済社会が到来することも一つの共生社会ではないだろうか。

伝統的に受け継いできた作業学習が旭出学園の特徴でもあるが、一人ひとりの個性に合わせられるから続いているともいえる。生徒の意欲・達成感と、教員が生徒の特性を見極め、個に合わせた支援法を工夫することの相互作用で続いている。生徒も教員も「やらされ感」ではなく、「好きだからやっている」という作業学習への主体的な関わりが感じられる。筆者（田村）自身は高等部で苦手な手芸作業を担当したことがあったが、刺繍はうまく教えることができないが、ミシンで直線縫いを練習し、かわいい柄の布で小袋を作り、ラベンダーやカモミールのポプリを詰めて、におい袋を作る作業を企画した。学園内にある無人販売所で園芸作業の花の苗とともに置くと結構買ってもらえた。自分のできることから工夫し生徒の力を引き出すことができるとやりがいを感じ、製品にも愛着を持ち、より良いものにしたいという感情を生徒と共有できた。作業が楽しい時間になった。

高等部は、用意した作業種目のなかから、一人ひとり自分で選んだ作業班に分かれて取り組む。作業種目により、体力面、手の巧緻性など本来の仕事に求められるものの違いはあるが、工程のなかでできるところから取り組み、試して難しければ、その原因を話しながら変更もできる。やりたい作業、できる作業を選択したことで、意欲につながる。多少難しい課題が出てきても、選択した作業種目だから乗り越えようと努力するのだ。

教員にとってはグループ毎の活動となるので、担当以外の生徒の様子を共有するために学部会で報告し合い、生徒の課題についても検討する。支援の工夫や新たなアイデアのアドバイスをもらい、次の作業学習の支援に役立つことも多い。生徒の課題を克服するために教員が創意工夫した支援法でやってみて、その支援法の適切さを評価して、さらに工夫する、といった専門性の向上のサイクルを教員は身に付けている。

筆者が専攻科の担任をしていたときに、生徒ができる平編みで始めたアクリルたわし作りは、製品として販売するにはほど遠い品質であった。引き継いだ教員がきれいな長方形になるように両端を竹ひごで固定したり、毛糸の色を増やし鮮やかにするなどの工夫をすることで、生徒の力がより発揮でき、質の高い製品になり販売が続けられるようになった。教員集団がチームワークで、支援の内容や方法が絶えず向上するように努めなければならない。

二〇一六年より専攻科は近隣に農地を借り、農作業を始めている。農作業は、たくさんの作業工程があり、何かしら関われる作業があり、力を発揮できるように工夫できる仕事である。草取りや収穫、運搬など好きな生徒が多い。農業経験の少ない教員はかなり努力しなければならないと思うが、素人なりの着想もあり、年々充実した農作業になってきている。農業と福祉の連携や企業が特例子会社として農場を運営している話も聞くので、専攻科の農作業で培った力を就労という形で発揮するのも夢ではない。

専攻科は、本人の選択する就労移行を達成することを大きな目標としているため、現場実習をおこなう際は、進路担当だけでなく、担任も必ず巡回に行き、本人の様子を保護者とともに実感するようにしている。そのとき、実習先からの質問に対して、日頃の様子や今後の見通しなども答えられるようにしているが、指摘を受けた生徒の課題は学校でも対応するようにしている。

生徒は、作業学習、進路学習、現場実習などを通して近づく就労生活をイメージするとともに、行事等での仲間との共同活動を楽しみ、生活に必要な知識や技術を身につけ、余暇の過ごし方を音楽や美術で学び、運動の授業ではスポーツに親しむことを学ぶことで人間性が育っていく。特に対人スキルを身に付けることは、職場に仲間とともに過ごす居場所を得る大きな力になる。就労後の離職について、一般的には仕事の取り組みよりも対人関係のトラブルによると指摘されている。旭出学園の卒業生の就労定着率が九四%と高い理由は、一貫教育により対人スキルを身に付けることができていること、さらに就労定着支援もおこなっているためと考えられる（二〇二一年度調べ）。

生涯支援、生涯教育、生涯学習——成人後も安心して豊かに過ごす人に

一九八一年に中教審では「生涯教育について」という答申を出しているが、それに先駆けて、三木は一九七六年に『精神遅滞者の生涯教育——旭出学園25年の歩み』を著し、一生涯を考えた学園運営、人間の発達から衰えまで考えていた。

その伝統は、二〇二〇年度より、学園の校務分掌に「生涯支援部」が設けられたことに生きている。同窓会旭出あおば会と就労・生活相談部に分けて支援に当たる組織づくりをおこなった。

同窓会旭出あおば会は、二〇〇八年度から卒業生のために、生涯学習の一環として、一ヵ月に一回の「余暇活動」をおこなっている。成人した後でも仲間と一緒に活動するための居場所づくりも目的の一つである。毎月おこなう余暇活動の会場は学校になり、在学時代は毎日通っていたので一人でも来校できるため、参加者が増えた。保護者も学校の様子がわかり、安心して送り出せる。また、保護者同士の交流ができるので、多くの参加が得られるようになった。卒業生も保護者も、行けば知っている人に会い、過去の記憶が蘇る。会合で繰り広げられる話や対話などに生涯学習の活動をみることができる（図11）。

図11　フォローアップの会

紆余曲折しながらコロナ禍も経て十数年過ぎ、二〇二四年度の会員数は一九〇名になり、余暇活動への参加希望者は一一四名になった。余暇活動は卒業生にとっては学びの場になっているようであり、年々そのニーズは高まっている。希望者が多くなったので、一人年三回の参加の条件で、音楽、和太鼓、運動、美術、ダンスの活動をおこなっているが、参加している卒業生の表情は生き生きしている(図12)。二四年度の総会も、紙面による議決で活動計画が承認され、六月から開始している。また、会員には『あおば会ニュース』などを年五回発行している。教職員全体の理解と協力なくしては継続、実施できない生涯支援の取り組みである

図12　同窓会旭出あおば会での和太鼓演奏

が、卒業生から学ぶことを理解、共感し、支援してもらえ、嬉しい限りである。

就労・生活相談部では、就労の定着支援、転職やグループホームへの入居の相談などを受けている。卒業後三年間は、夏期休業中を中心に元担任が職場巡回をして様子を聞いて、職場に定着できるように支援をおこなっている。仕事に定着してくると、グループホームなどでの親元から離れた自立的な生活を望む声があがってくる。新生活では、支援や援助を受けながらも自分で処理することが多くなる。これも移行期の学びである。

卒業して三〇年も経つと、両親の高齢化や入院、死亡などの話も届く。母親が亡くなり、精神的に不調になったケースもあった。「母親がいない」という現実を受け入れられず不調になったのであろう。「これからは〈母親のいない〉現実を理解し、受け止め、父親や兄と一緒に自分の生活をつくるように」と支援をおこない、乗り越えようとしている卒業生もいる。「卒業生（保護者も含む）に求められたら対応する」という精神でおこなっている生涯支援だが、教員の異動がなく長年勤務が可能な私学だからできることである。

もちろん、学園だけでは限界があるので、地域の公的機関とも連携して支援をおこなっている。入学時期によって異なるが、幼児期・学童期・思春期・青年期を過ごして学校時代を知っている教員がいるから適切な助言や支援ができるのではないだろうか。卒業生それぞれが自分の各ライフステージで充実した日々を送ることができるように、いわば心豊かな生活ができる「幸せ」な状態になることを願いながら、今後も体制づくりに努めようと思う。

終章

将来への展望

「いまを生きる」ことを大切にした教育を

二〇二〇年に始まった国内の新型コロナウイルス感染症は多くの犠牲者を出した後、二〇二三年五月に感染症法の五類に移行した。感染症蔓延のときは日々〝命の大切さ〟を感じていた。どの学校も、手洗い、手指の消毒、マスクの着用、換気などに気を配りながら授業をおこなってきた。対面式授業を避けるということで、オンライン授業も増えてきた。文科省の提唱するＩＣＴ教育が一挙に普及した。

旭出学園をはじめ私立特別支援学校は、対面式とオンラインとのハイブリッド型で授業を進めてきた学校も多かった。教職員は感染予防のために、生徒の学習時間だけでなく放課後には生徒の使用したすべてのものを消毒することなどが通常の仕事に追加されていた。変異株によって子どもが重症化する事例の報告もあり、命あっての教育であることを改めて考えさせられたことを忘れてはいけない。地球上にはさまざまなウイルスが生息するわけで、今回の新型コロナウイルス感染症対策のよい事例は後世に残したい。

医学の進歩によって出生時の死亡者数は減少してきたが、障がい児は存在する。その子たちの命を大切にし、一人ひとりの幸せを願って教育をしてきても、さまざまな理由で在学中に、あるいは卒業後に若くして亡くなる教え子たちに残念ながら出会う。生あるものはやがて死を迎えるという宿命はあるが、あまりにも早い死に接すると「あなたは当校に出会って幸せでしたか」と問いかけながら教員は手を合わせる。その経験から「いまを生きている」ことに感謝と喜びを抱きながら教育に向き合うことが学校教育の基本であることを思わずにはいられない。今日を大切にした教育が明日に繋がり、一週間、一ヵ月、一年となり、やがて生徒は学校を卒業する。その教育活動のなかで、子どもたちは日々成長・発達し、可能性を広げている。

安全で、安心できる学校にするために

二〇二四年元日に能登半島地震が起こった。現在も復興に向けて作業が進められている。一日も早く日常生活が戻ることを願っている。

わが国は地震の多い国であるが、関東地方にも大きな地震がいつ起きてもおかしくないといわれている。前述したように二〇一一年三月一一日の東日本大震災では、旭出学園は前年度までに終了した大規模耐震工事により各建物の安全面は確保できた。岩手県の三愛学舎や宮城県のいずみ高等支援学校も大きな被害はなかったと聞いている。地震のほかに

も温暖化の影響で豪雨のことも心配であるが、災害時を含めて学校は安全で、安心して学べる場所でなければならない。

先人たちが苦労して建てている私立特別支援学校の校舎は、大事に使うために清掃や簡単な修繕などを心がけ、安全面を点検している。これまでも耐震工事や外壁の亀裂の補修などに対して国やＪＫＡなどの補助を受け、「校舎の長寿命化」に取り組んでいる。前述したように国の「私立特別支援学校の老朽改築制度」は施行されたが、その基準が厳しいことや補助率が低いことなど、改善してほしい点も残っている。これは加盟校全体の願いである。

安全教育のための児童生徒の避難訓練は定期的におこなっており、防災無線が自治体と繋がり、自然災害の発生時の正確な情報を入手して児童生徒へ迅速でわかりやすい指示をして避難することを日頃から練習している。災害時には地域住民の避難先として学校を提供し、そのための水や非常食なども児童生徒、教職員の人数分よりも多く備蓄して、地域との協働型を意識している学校もある。

旭出学園では桜の木が大雨と強風で倒木した経験をしている。幸い人的被害はなかったが、学校内の樹木等の剪定も定期的におこない、安全面に留意しなければならない。校内の自然環境の保全にも目を向けたいところである。

二〇〇一年六月八日の大阪教育大学附属池田小学校の無差別殺傷事件の発生後、多くの学校では、来校者には特に慎重になっている。旭出学園では校門の門扉を閉じるようになり、防犯カメラを設置し、来校者には事前の連絡はもちろんだが、来校時にはインターホンを押してから入校をお願いするようになった。

いじめや校内暴力、性被害などの話題は後を絶たない。教員の人権意識を確かめ、児童生徒の言動に十分に注意を払い、小さなサインを見逃さない教職員の観察力とチームワークが求められる。その前提には、日頃より児童生徒中心の生活が保障され、自由にモノがいえる環境が必要である。学校が安全な空間であり、安心して過ごせる時間であることによって学校という集団生活で自我が形成される。学校という「空間」、楽しい「時間」、活動する「仲間」の〝三間《さんま》〟の学びによって人間形成していくのではないだろうか。

学校が楽しい場所になるように

これまで児童憲章や子どもの権利条約、障害者権利条約などに触れてきたが、そのキーワードは「児童は人として尊ばれる」「児童は社会の一員として重んじられる」「児童はよき環境で育てられる」「子どものしあわせ」「子どもの最善の利益」「意見表明権」「基礎的環境整備」「合理的配慮」などである。すべての学校でそれらの条文が生かされた学校運営になってほしい。特に強調したいのは「子どもの最善の利益」「意見表明権」を尊重した学校経営に徹することである。これによって学校生活は楽しいものになり、主体的な学びが展開されると思う。

障がい児の学童期には、「遊びの指導」が人格の基礎を形成するためにも欠かせない。学校で楽しい遊びに出会うことは、〝夢中になる〟ことを体験する第一のできごとだろう。それは集中することを学ぶことであり、「またやりたい」というやる気と期待感がともなうのではないだろうか。何よりもその遊びを学校でできるということで喜んで登校することになる。また、遊びの活動は自発性や対人関係、運動能力などの諸機能が発揮され、障がいの程度の重い人から軽い人までがそれぞれに力に応じて参加することが可能である。毎日繰り返される遊びの時間に物事の名称を覚えたり、人の気持ちに気づいたり、また道具の操作を覚えたりして、多くのことを学び、吸収していく。その生活体験を学習場面で取り上げ、言語面や数量面などの学習に結びつけることで学ぶ動機づけを高める。興味関心や能力などの個人差のある児童生徒からの多様な学びの要求にも少人数の特別支援学校だからこそ応えられるのだ。

大人への移行期、思春期に当たる中学部の「作業学習」は机上の学習とは違って、自分の行為を物などに働きかけることで変化があらわれるため、〝自分はできる〟ことを意識できる。さらに他の人たちの役に立つ物をつくることで、利用した人から「ありがとう」という言葉が返ってくる。自己の満足感と周囲の人の褒めの相乗効果でますます作業意欲が高まり、作業場面での繰り返しの動作によってスキルは向上する。自己肯定感を形成するには適切な学習である。

そのうえで、高等部の作業学習では、「生産」という社会的意義を付加する。自分の作業が生産の過程でどのような位置にあるかを考えながら取り組み、社会的な関わりを一層強めていく。物を生産するという目的を達成するための取り組みでは「目的志向性」が身についてくる。これが「目標をもって」生きることに繋がっていくことだろう。また、販売活動を経験することで生産物とお金の交換のしくみがわかり、経済生活への学習に発展できるし、働く意味と意義を考えることになる。多くの特別支援学校では高等部で職場体験や実習をして社会に巣立つが、専攻科を設置している特別支援学校では職場実習を繰り返しながら自分に向いた仕事の発見と参加が可能になる。

以上は、物をつくるという観点からの「作業学習」に関する内容となるが、情報化社会では異なる「自立と社会参加」のプロセスがあり、それに応じた指導・支援も求められるであろう。

生きづらさの軽減

特別支援学校には自閉スペクトラム症を併せ持った児童生徒が在籍している。自閉スペクトラム症の人は対人関係が苦手であり、強いこだわりがあるといわれている。自閉スペクトラム症の子どもは思い通りにならないとパニック状態になることが度々であるが、クールダウンの空間と時間を設けた後に話を聞き、本人が原因を伝えられる場合には、「そういうこともあるよ」と共感する。パニック場面が特定化されたならば、刺激を事前に緩和するような支援をして、パニックに至らなかったことを「よくできたね」と褒める。このような取り組みをしながら〝折り合いをつける力〟を育てたい。

生きづらさの状態を自分で表現する力も育てておきたい。「意思の表示」には「お腹が痛い」「楽しい」「これを食べたい」などの「意思表示」から自分の考えをいう「意見表明」までであるが、こうした力を時間をかけて育てていくべきであろう。「表現」を受け止める人間関係性がキーポイントになるわけだが、児童生徒の意思を感受性の豊かな教員(や保護者)がしっかりと受け止め、コミュニケーションに十分な時間をとることが大切である。児童生徒側に立てば、質問や指示などがあった場合には、そのことについて理解する段階、それに対する自分の気持ちや思考を整理する段階、それを言葉にして発言・表現する段階、自分と違った他者の意見を理解する段階、いろいろな考えがあることに気づく段階など「表現」といっても複雑なプロセスがあり、「生きづらさ」の解消には時間がかかる。自分と周りの望ましい関わり方を探り、発見し、対応することで生きづらさが軽減されるのではないだろうか。それには教員は児童生徒に信頼され、尊敬され、行動の手本になることが求められる。

最近、「発達障がい」を「神経発達症」に置き換える動きがある。確かに、「障がい」という言葉に負のイメージがあるので正しい理解につながらない。優れた側面がある人もたくさんいるわけで、共生社会にふさわしい用語だと思う。この定義によると、第一章で触れた「学習障がい」は「限局性学習症」に、「注意欠陥・多動性障がい」は「注意欠如・多動症」に、「高機能自閉症」は「自閉スペクトラム症」と改称されている。

最適な教育支援のできる教員

教員は大学などで障がい児の病理や心理、教育法などを学んだ後に教育現場に立つが、大学などでの学びが教育実践に役立つまでには時間がかかる。その際に「障がい児はこうである」といった先入観をもたずに目の前の子どものあるがままの姿をみる目、子どもの実態を正しく把握する目を養っておく必要がある。それは三木のいう「子どもから学ぶ」姿勢ともいえるし、「子どものニーズ」を理解することにもなる。個別の教育支援計画や個別の指導計画の作成が義務付けられている現在、生徒の正しい実態把握がともなった計画立案と作成の必要性や、授業のよしあしは生徒が決めるということに配慮したい。授業計画はあくまでも仮説的な取り組みであり、授業の内容や方法の適切さは、生徒の取り組みの様子で評価して修正していく指導力が必要であろう。日々の教育の実践記録を残すことは、授業の振り返りにもなり、その実践記録を読み返すことで次の授業をよりよいものにすることができる。記録があれば、本人や保護者に授業の様子や指導目標の達成状況などを説明でき、説明責任を果たすこともできる。

私学の教職員は他校への異動がないから、じっくりと研究テーマに取り組める。しかも、幼稚部・小学部から高等部本科や専攻科までの一貫教育が可能であるので、テーマについて幼児児童生徒の成長・発達のエビデンスを集積できる。そして、公立学校の教職員とは異なり、経営的な視点をもち、教育と経営の両輪を考えられる教職員になってほしい。

筆者らは約五〇年間にわたり旭出学園の小学部から専攻科の幼児児童生徒、旭出生産福祉園や旭出関連施設の利用者、卒業生をみてきて「それぞれのライフステージにおける適切な支援」を考えてきた。福祉園を訪れると、教え子たちにいつも歓迎される。小学部から福祉園までの人たちと接していると、人間は絶えず刺激を受けて生きていることがよくわかる。その刺激が適切であれば、諸能力を長期にわたって発揮することができる。反対に刺激が過剰になればストレスになり、不調になることもある。刺激が不足するとぼんやりしてしまい、生き甲斐もなくなってしまうようである。このライフステージにおける刺激の量と質は障がいのあるなしにかかわらず、人間としての課題ではないだろうか。

教員は、その児童生徒の学校時代だけでなく、その人の将来の幸せな人生をイメージしながら教育支援にあたっていきたいものである。

インクルーシブ教育と学校教育

二〇二二年（令和四）に国連の障害者権利条約委員会から「日本はインクルーシブ教育が進んでいない」と指摘された。ノーマライゼーションからインテグレーション、そしてインクルージョンと変化してきた施策であるが、日本の特別支援学校の分離教育について勧告を受けた。しかし、知識偏重の普通教育に障がい児を就学させた結果、自信をなくして生きる希望を失わせるようなことはしたくはない。学校教育で障がい児の人生をダメにはできない。筆者らは子どもの権利条約がうたう「子どもの最善の利益」で学校選択する方を優先したい。また、学校は人生の通過点ということからいえば、卒業後に参加する社会の障がい者への理解と就労機会を課題にしたい。特別支援学校で自己肯定感を形成し仕事への意欲をもって社会へ巣立とうとしても、時に報道されるような障がい者への差別や偏見が残っていては、社会が自立を阻むことになるのではなかろうか。

健常者とともにということで「交流教育」が始まり、「交流及び共同学習」へ進展して今日に至っている。私立特別支援学校各校は小学校や中学校、高等学校と交流教育の機会を年間行事のなかに位置づけている。旭出学園では、二〇〇〇年から練馬区立大泉南小学校との交流教育が始まった。初期に交流会に参加した南小の子どもたちは、現在大泉学園駅南口の地域で活躍している方が多い。旭出学園の生徒や福祉園の利用者は大泉学園駅を最寄り駅にしている人も多く、その人たちに声をかけられ、見守られながら通学・通勤している。また、二三年度に完成した専攻科の新校舎「さくら館」に喫茶室を設けて、近隣地域の人たちの交流の場所を提供することもはじまった。

私立特別支援学校は、教職員が代わらないことで地域との結びつきが深まることも特色である。また、修学旅行の計画に旅行先近くの私特連加盟校と交流をおこなったケースもあり、北海道から高知県まで点在する一五校の地域性を生かした加盟校同士の活発な交流が展開されたならば、私学ならではの〝特色のある教育〟になるであろう。

学校も地域で育ち、地域で生きる

社会のなかでの障がいのある人たちとの関わりの場づくりが進められてきているが、いわゆる健常者と呼ばれる人たちに障がい者への理解を押し付けるのではなく、共に社会で生活していくために必要なことをお互いに理解し合える世の中になるために、一緒に働くとか、一緒に遊ぶとか、「よく見かける」ことからでも、同じ町にいろいろな人がそれぞれ生活しているという空間づくりをしていくことが、まずやるべきことの一つと考える。

一九八〇年代の小・中学部の授業で「パン屋さん」という総合学習をおこなっていた。歩いて行ける近くのパン屋さんから一〇種類ほどの調理パンを購入し、校内に模擬店を開いておこなう授業である。トングとトレーを持つという決めごと、好きなパンを選ぶ意思表示、トングで挟んで取り、トレーに載せるバランス感覚、レジに行き、パンとお金の交換など、いろいろな要素が含まれている総合学習である。一人ひとりの学習の様子から目標を定め、週一回繰り返す学習であった。学校で練習したことを実践するため、グループごとに近くのパン屋へ買い物に行く日も設定した。繰り返しの来店で店員もその子の特性に合わせた対応ができるようになった。その当時は近くに、八百屋や肉屋、文具店、雑貨屋などもあり、学校で必要なものを生徒と一緒に買い出しに行っていた。地域の商店街は親睦会も組織してくれるなど、たくさんの支援をしてもらった。個人の店はその後二〇年の間に次々と店じまいになり、現在は近くのスーパーマーケットやコンビニに買い物に行く学習に引き継がれている。学校も地域のなかに溶け込み、店だけでなくプールや図書館などの地域の資源をどのように利用できるかを伝えていくことも、地域に生きることに繋がっている。

GIGAスクール構想の時代の教育

文部科学省のGIGAスクール構想によると「一人一台端末と、高速大容量の通信ネットワークを一体的に整備することで、特別な支援を必要とする子供を含め、多様な子供たちを誰一人取り残すことなく、公正に個別最適化され、資質・能力が一層確実に育成できる教育ICT環境を実現する。これまでの我が国の教育実践と最先端のICTのベストミックスを図ることにより、教師・児童生徒の力を最大限に引き出す」とあるが、知的障がい児のタブレットによる授業はそう簡単ではない。一例として、各生徒にタブレットを渡したうえで教員が「シンガタコロナヲシラベマショウ」と提示したところ、ある生徒はタブレットの文字盤のひらがなを拾って入力して変換を押し、画面には「新型コロナ」と表示されたのだが、そこをクリックすることなしに、もう一度打ち直していた、ということがあった。その生徒は「新型」という漢字が読めなかったのである。ICT機器の活用といっても、知的障がい児の場合には、漢字の「読み」の課題があり、さらに「新型コロナ」をクリックしても説明文の読みと意味の理解の課題が残る。方法論だけが先行して児童生徒の学びの基本である、五感を通して刺激を受けることで興味や関心を育むことの大切さを忘れるようなことがあってはいけない。教員が子どもの個性を見抜く力があることで、はじめて〝ベストミックス〟が生かされると思う。道具に支配されるのではなく、人間が道具を使って豊かに生きることを忘れてはならない。ICTや遠隔教育の「学び」だけでなく、作業学習や調理学習など体験型の学習も取り入れた多様性と個別性の学びを併せて考えていきたい。

Society5・0と知的障がい者の働く場

Society5・0とは、内閣府によると、「サイバー空間（仮想空間）とフィジカル空間（現実空間）を高度に融合させたシステムにより、経済発展と社会的課題の解決を両立する、人間中心の社会」とされている。これは、狩猟社会、農耕社会、工業社会、情報社会と発展してきた人間社会の次に来る社会の姿である。すでに人工知能が物流や介護、農業などに活躍する社会が始まっているわけだが、生物としてのヒトは呼吸しなければ生きていけないし、飲食しなければ生きていけない。運動しなければ健康を保てない。林業や農業、漁業等の第一次産業は生きるうえでは不可欠な産業であると考える。わが国の食料自給率のカロリーベースは一九七〇年には六〇％であったが、二〇一七年は三八％であり、年々減ってきている。この要因は国の施策によるところが大きいわけだが、その結果は農業従事者の高齢化や後継者不足などに表れている。「食」は「生きる力」の源であることを考えると、農業や酪農、漁業などの食料を生産する産業に期待が高まる。近年、農業と福祉の連携ということで、障がい者が農業に従事する報告も増えてきている。特別支援学校の作業学習で農作業している学校は比較的多いであろうことから、企業との連携で障がい者の就労の機会を拡大していくことも農業の人手不足を補うことに繋がるだろう。

また、わが国の林業は針葉樹中心で森林が荒れていると言われているので、多種多様な広葉樹の植林により災害を防ぎ、森を豊かにする取り組みも期待したい。山を守ることは海にプランクトンを増やし、漁業を豊かにすることにつながり、海からの水蒸気は山への降雨により森を豊かにするという自然の循環を再確認すべきであろう。そのことをふまえてＳｏｃｉｅｔｙ５・０と障がい者の働く場という視点で語れば、五つの社会形態それぞれに活躍できる障がい者の雇用がうまれ、多様性を尊重した共生社会が実現するのではないだろうか。

ＳＤＧｓと共生社会の実現を

二〇一五年九月に国連サミットで採択されたＳＤＧｓは持続可能な開発目標として一七の目標を掲げている。地球上に生存するすべての生命体が関連することであるが、なかでも「三　すべての人に健康と福祉を」「四　質の高い教育をみんなに」「八　働きがいも経済成長も」は、すべての人にとって目標になることである。二三年の特殊出生率は一・二であり、わが国の少子化は進んでいる。これほど持続不可能な社会はないだろう。安心して子を産み、育てる環境が望まれている。それには子どもに関係する事業への支援や予算の確保をして次世代に繋げてほしい。

国公立、私立を問わず、子どもの教育費が無償で、学校運営費も公私格差がなくなり、子どもの学ぶ場所として最適な学校を本人同意のもとで選択できるシステムの実現を促進してほしい。学校選択は子どもの意見表明に沿っておこなわれ、少なくとも「私立特別支援学校はお金が掛かるので」ということで私学を諦めることをなくしたい。学校は幼児児童生徒の最善の利益にもとづいて教育をおこない、主体的に学ぶことによって「自分らしさ」を形成し、社会のなかで自分の役割を見出していく場所であることは、学校教育全般にいえることであり、本書冒頭に紹介した「「令和の日本型学校教育」の構築を目指して」にも触れられている。

「一人ひとり違っていい」という特別支援教育の指導方針によって、学校教育では幼児児童生徒の一人ひとりの人権尊重のうえに個性や能力、特性などが生かされ、伸ばされ、人間形成していくことになる。これは教育の原点ともいえる。現代社会の、「今だけ、金だけ、自分だけ」といった価値観を改め、個人がそれぞれの強みを生かして働き、仲間とともに生活していくことができる社会であれば、「持続可能な社会」という目標に近づくのではないだろうか。

子どもたちの幸せに暮らせる社会をめざして旭出学園も七十余年を歩んできた。「障害の有無にかかわらず、全ての人が幸せな生活を送ることができる社会こそ真の文明社会といえるでしょう」という三木安正の言葉を思い出すが、障がい者が活躍する社会であってこそ真の文明社会であり、持続可能な共生社会といえるのではないだろうか。

あとがき

新型コロナウイルス感染症の蔓延やロシアとウクライナの戦争、イスラエルとハマスの紛争などで死亡や負傷の報道が毎日流れている。戦争により負傷し障がい者になった人、逃げ惑う子どもや大人のことを想像すると、戦争は一刻も早くやめてもらいたい。なぜ人間は過ちを繰り返すのであろうか。感染症や戦争などを考えると、健康と平和があっての教育だとつくづく思う。

筆者らは旭出学園とともに約半世紀歩んできたが、この間に一九七九年に養護学校が義務化になり、重い障がい児も学校に通えるようになった。二〇〇七年には特殊教育から特別支援教育へ改め、早一七年が過ぎようとしている。特別支援教育では、「障害のある全ての幼児児童生徒の自立や社会参加に向けた主体的な取組を支援するという視点に立ち、幼児童生徒一人一人の教育ニーズを把握し、その持てる力を高め、生活や学習上の困難を改善又は克服するため、適切な指導及び必要な支援を行う」との方針が立てられたが、旭出学園は公立の特別支援学校が普及するよりも早く知的障がい児教育をおこなったこともあり、私立だからできるという教育も紹介してきた。本書冒頭に述べた「「令和の日本型学校教育」の構築を目指して〜全ての子供たちの可能性を引き出す、個別最適な学びと、協働的な学びの実現〜」を読み解くと、学ぶ側の児童生徒を中心に考えられているように思える。このことは、障害者権利条約の重要概念になった〝Nothing about us, without us〟（私たちのことを私たち抜きで決めないで！）につながっていることであり、一人ひとりの興味関心に沿った学びを、それぞれの学習速度に合わせて、学習の動機が高まった時期に生涯にわたる学びを、という考えになるのではないだろうか。

私立特別支援学校の環境もここ一〇年で随分と改善されてきた。二〇一〇年に高等学校等就学支援金制度が始まり、特別支援学校高等部本科の授業料が軽減された。一五年には「私立特別支援学校の老朽校舎改築制度」が創設された。一九年一〇月から「幼児教育・保育の無償化」が始まり、幼稚部を設置している四校の私立特別支援学校には福音であった。二〇年には高等部専攻科への修学支援金制度が始まり、二二年には寄宿舎指導員の補助金も始まった。これも私立特別支援学校の先人の積年の願い、私特連の要望活動の成果であると思っている。

毎年の私特連総会には、文科省に行政説明をお願いしている。一三法人一六校の小さな団体への特別支援教育課と私学助成課の課長クラスの方の出席には感謝している。二三年度の説明では「ここ数年、義務教育段階の児童生徒は減少しているが、特別支援教育のニーズは高まっている（ここ一〇年で一・九倍）」「公立の小中学校の校長の特別支援教育の教職経験の調査（二一年度調べ）では、未経験者が小学校で七〇・六％、中学校で七五・四％であった」などに触れている。特別支援教育では、現場教員の専門性が問われる昨今であるが、今後の課題であろう。

その点、私立特別支援学校は、視覚、聴覚、肢体不自由、発達障がいを含む知的障がいなど、それぞれの専門性を追求してきた学校である。各分野の専門性を高めた校長を先頭に教員集団は、子どもに学びながら児童生徒一人ひとりが生き生きと学校生活を送り、可能性を広げる教育支援をおこなっている。

「知的障がい」を「遅れがある」と表現していた時代もあったが、遅れがあるということは成長するのに時間がかかるということでもある。社会との付き合い方を学ぶためには高等部三年間の教育期間では足りない。専攻科という修学の機会を設け、「自立と社会参加」の教育を私立特別支援学校は先駆けておこなってきていることを本書で詳しく紹介した。公立特別支援学校にも普及してほしいという願いがあってのことである。

学校は通過点であることから、後期中等教育を設置している私立特別支援学校のなかには、学校卒業後の就労の場を設けるために自助努力で施設や事業所を始めた学校も多い。学校と成人施設や事業所と連携しながら、障がいのある子を生涯にわたって世話したい、支援したいという気持ちにあふれている。

ねむの木のまり子先生の死去については前述したが、ねむの木の子どもたちが発案して「お礼の会」が二〇二一年一〇月二〇日に開かれ、筆者らも私特連加盟校の参加者とともに参加した。会では子どもたちのダンスや歌が披露され、まり子先生の遺影がほほ笑んでいるようにもみえた。披露の後に、まり子先生の墓碑がある敷地の高台に花をたむけたが、まり子先生の「やさしくね　やさしくね　やさしいことはつよいのよ」の言葉は、私立特別支援学校がめざすことのようにも思えた。

私立特別支援学校の単校での刊行物はあるが、加盟校全体を取り上げたのは本書が初めてのことだろう。加盟校の代表には自校の紹介をしていただいたが、限られた字数で十分に紹介できなかったと思う。若葉高等学園の大出浩司理事長兼校長は、まり子先生亡き後は私立特別支援学校で唯一の現役の創立者であり、私特連の会長として連合会をけん引され、直近の一〇年間の私立特別支援学校に関連した制度の進展に尽力していただいている。

会うたびに自校のこと、私特連の未来について熱く語っている。また、学校法人カナン学園の澤谷常清理事長兼校長には専攻科教育のリーダー的存在として助言をいただいている。加盟校のすべての先生方への感謝と共に、二人の先生には特に謝辞を伝えたい。

旭出学園の教育研究所の菊池けい子研究員をはじめ、各学部や生活自立寮、各教職員それぞれがまとめた教育実践の報告書や記録を改めて読み返し、本書を仕上げることができた。教職員各位に感謝を表したい。そして何より、学園で学び、あそび、それぞれのペースで成長するこれまでに出会った子どもたちの姿に支えられて本書をまとめることができた。子どもから学ぶことを実感させてくれた、たくさんの子どもたちに感謝の気持ちを伝えたい。

第四章の児童生徒のスケッチ画は絵を特技としている旭出学園の慶野直美現校長の作品である。マカトン親子教室の挿絵は杉山潤元教諭の作品であり、伝わりにくい文章を助けていただいた。そして手に取りたくなるようなカバー装画を提供してくれた卒業生の田村明日香さんとご両親に感謝したい。また、星の自宅で何度か打ち合わせをした際に妻和子も議論に参加し、文章の校正にも力を貸してくれた。協力してくれたみなさんにお礼を申し上げたい。

平凡社の進藤倫太郎氏から声掛けがあったから、これまでの教育経験を次世代につないでいきたいという思いを本書でまとめることができた。旭出学園との小さなご縁を大事に思い、学園を理解しようと足を運び、忍耐強く、細やかに助言を繰り返してくれた進藤氏のお陰であり、深く感謝申し上げる。

本書が三木安正先生の没後四〇年に発行できることは感慨深い。

二〇二四年一〇月三一日

星　登志雄
田村　初枝

私立特別支援学校関係年表

西暦	和暦	教育・福祉等の社会の動きと私特連の動き	旭出学園関係
1872	明治5	学制頒布	
1878	明治11	京都・盲唖院できる	
1880	明治13	東京・楽善会訓盲院できる	
1985	明治18	東京盲唖学校開校	
1889	明治22	**「盲人福音会」として横浜訓盲学院創立**	
1890	明治23	長野・松本尋常小学校に特殊学級ができる	
1891	明治24	孤女学院設立（1897年に滝乃川学園に改称）	
1910	明治43	東京聾唖学校開校	
1920	大正9	**4月　日本聾話学校創立**	
1921	大正10	5月　東京・肢体不自由児施設「柏学園」設立	
1929	昭和4	大阪市立六甲郊外学園開校	
1932	昭和7	東京市立光明学校開設	
1934	昭和9	**3月　母子愛育会設立**	
1940	昭和15	6月　大阪・思斉学校（知的障がい児）開校	
1945	昭和20	8月　終戦	
1946	昭和21	**11月　「日本国憲法」公布（47年5月施行）**	
1947	昭和22	**3月　「教育基本法」施行** **4月　「学校教育法」施行** 4月　品川区立大崎中学校分教場開設	

1949	昭和24	9月「教育職員免許法」施行 **12月「私立学校法」制定**	
1950	昭和25	**3月「私立学校法施行規則」施行** 4月 品川区立大崎中分教場から東京都立青鳥中学校へ	4月 旭出学園、豊島区目白町徳川邸に開園
1951	昭和26	**2月 横浜訓盲学院の学校法人化** 3月「社会福祉事業法」制定 4月 東京教育大学等に特殊教育学科設置 5月「児童憲章」制定宣言	
1952	昭和27	1月 全国特殊学級研究協議会発足 7月 精神薄弱児育成会発足 8月 文部省初等中等教育局に特殊教育室設置（室長：辻村泰男） 11月 市町村に教育委員会設置 12月 第1回手をつなぐ親の会全国大会開催	1月『旭出だより』創刊号の発行
1953	昭和28	2月 特殊教育研究連盟を「全日本特殊教育研究連盟」に改称 11月「精神薄弱児対策基本要綱」決定	5月「若葉のつどい」（のち、青葉のつどい）始まる 12月 椎名町風間氏宅地内で機織りの指導を始める
1954	昭和29	6月「盲学校、聾学校及び養護学校への就学奨励に関する法律」制定	4月 木製連結汽車の玩具作業が始まる 8月 房州保田で合宿訓練をする 10月 旭出学園後援会の発足 10月 目白の校舎に2階を増築し、2教室増やす
1955	昭和30	**4月 日本聾話学校、創立35周年** 6月 社会福祉法人恩賜財団母子愛育会、愛育養護学校の認可（東京都）	

1956	昭和31	4月	文部省初等中等教育局特殊教育室を廃止し、特殊教育事務は「初等・特殊教育課」の所掌となる	11月	練馬区仲町に土地1300㎡を購入、寄宿舎の建設
		4月	全国精神薄弱児育成会機関誌『手をつなぐ親たち』創刊	11月	手芸教室の共同制作〝月と太陽と飛行機〟が日展入選
		6月	「公立養護学校整備特別措置法」公布		
1957	昭和32	1月	青鳥中学校が都立青鳥養護学校へ（戦後初の公立養護学校）		
1958	昭和33	4月	**いづみ学園設立（のち、いずみ養護学校）**	7月	各種学校練馬生活学園が準学校法人へ（理事長：原安三郎）
		4月	「学校保健法」公布		
1959	昭和34	7月	厚生省、精神薄弱児全国実態調査実施		日本版「社会生活能力検査」出版
		11月	「児童権利宣言」（国連総会決議）		
1960	昭和35	3月	「精神薄弱者福祉法」公布（同年4月施行）	3月	目白に旭出学園教育研究所の開設
		4月	東京学芸大学教育学部附属養護学校・東京教育大学附属養護学校開校	5月	養護学校の認可を得て、学校法人化（初代理事長に原安三郎、初代校長に衣笠慎之助）
		6月	「養護学校小学部・中学部学習指導要領精神薄弱教育編」作成委員会発足	5月	練馬区仲町の隣接地購入（校地面積3300㎡）
		7月	「身体障害者雇用促進法」公布		
1961	昭和36	1月	障害福祉年金支給開始		
1962	昭和37	4月	**学校法人明和学園いずみ養護学校開校（のち、いずみ高等支援学校）**	5月	練馬区東大泉（現在地）に校地1万㎡を入手
		4月	文部省初等中等教育局特殊教育室を廃止、特殊教育課の設置	7月	「教育プログラム」の通信簿導入
				11月	スペーサーブロック（建築資材）の作業開始
				12月	1号館、作業棟、寄宿舎やよい寮、職員寮の落成 中学部、高等部、手芸教室の移動

1963	昭和38	2月 文部省「養護学校小学部・中学部学習指導要領」通知 4月 「全国心身障害児をもつ兄弟姉妹の会」結成 11月 第1回日本特殊教育学会開催	2月 教育研究所所報第1集の創刊 3月 高等部第1期卒業生9名が出る 4月 校内に生産部を発足 4月 タイル作業の開始
1964	昭和39	9月 精神薄弱3団体による「精神薄弱者福祉月間」開始 12月 全国特殊教育推進連盟結成	9月 天皇陛下より金一封を賜る 9月 自転車振興会（のちの公益財団法人JKA）の補助により2号館の落成。目白の小学部と教育研究所の移転
1965	昭和40	9月 全国精神障害者家族会連合会結成 11月 第1回全国身体障害者スポーツ大会開催	
1966	昭和41	4月 東京都、心身障害者福祉作業所設置	11月 中学部・高等部校舎（3号館）と体育館（JKA補助）の落成
1967	昭和42	4月 **社会福祉法人日本水上学園、聖坂養護学校開校（のち、聖坂支援学校）**	5月 寄宿舎さつき寮の落成
1968	昭和43		4月 『教育研究所紀要 第2集』刊行
1969	昭和44	4月 **学校法人光の村学園、光の村養護学校開校（のち、光の村土佐自然学園）** 4月 **ねむの木学園開園** 4月 **私立特殊諸学校への国庫助成開始**	
1970	昭和45		3月 三木安正、第2代校長就任 5月 創立20周年記念式の開催 10月 『教育研究所紀要 第3集』刊行 11月 創立20周年記念公開研究協議会の開催

1971	昭和46	3月 文部省「養護学校（精神薄弱教育）小学部・中学部学習指導要領」告示 10月 国立特殊教育総合研究所開設 **10月 学校法人養護学校聖母の家学園開校** 12月 国連総会「精神薄弱者の権利宣言」採択	10月 社会福祉法人富士旭出学園設立（静岡県富士宮市）
1972	昭和47	**3月 はあと記念財団設立（のち、公益財団法人みずほ教育福祉財団）** 10月 文部省「養護学校（精神薄弱教育）高等部学習指導要領」告示	4月 三木安正、専任校長になる 5月 富士旭出学園、授産施設「富士厚生園」開園
1973	昭和48	9月 国立久里浜養護学校開校	7月 教育研究所、『日本版ＩＴＰＡ』を刊行
1974	昭和49	4月 東京都、心身障害児の希望者全員就学措置 4月 文部省、私立幼稚園の障害児教育に補助	2月 竹中土木、学校法人大泉旭出学園に土地５０００㎡を譲渡する 4月 社会福祉法人大泉旭出学園を設立し、旭出生産福祉園開園
1975	昭和50	5月 重複障害教育研究所設立 **7月 「私立学校振興助成法」制定** 12月 国連総会「障害者の権利宣言」採択	5月 富士旭出学園、更生施設「富士清心園」開園 6月 創立25周年記念式の開催 10月 教育研究所、『ＩＴＰＡの理論とその活用』を発刊
1976	昭和51		3月 大泉旭出学園、旭出生産福祉園の建材科棟（ＪＫＡ補助）の落成 7月 『精神遅滞者の生涯教育――旭出学園25年の歩み』刊行 11月 大泉旭出学園、国と都の補助により旭出生産福祉園の本館の落成

1977	昭和52		5月 皇太子同妃殿下行啓される 12月 『教育研究所紀要 第4集』刊行
1978	昭和53	4月 **学校法人カナン学園、三愛学舎養護学校開校（のち、三愛学舎）** 10月 文部省「教育上特別な取扱いを要する児童・生徒の教育措置について」通達 11月 文部省、『特殊教育百年史』刊行	4月 中学部カレンダー作業開始
1979	昭和54	4月 文部省「養護学校義務制」実施 4月 **ねむの木養護学校開校（のち、特別支援学校ねむの木）** 7月 文部省「盲学校、聾学校及び養護学校小学部・中学部学習指導要領」告示	1月 三木安正、日本精神薄弱者福祉連盟会長就任 10月 「幼稚部並びに高等部専攻科」設置認可
1980	昭和55		4月 創立30周年記念式の開催 5月 三木安正、朝日賞の受賞 5月 教育研究所、『新版 S-M社会生活能力検査』を刊行
1981	昭和56	1月 国際障害者年 11月 国際障害者年推進本部「障害者の日」を12月9日と決定	3月 三木安正、第2代理事長就任 4月 高等部専攻科校舎4号館（JKA補助）の落成 4月 三木安正、内閣総理大臣より表彰
1982	昭和57	10月 特殊教育研究調査協力者会議「心身障害児に係る早期教育及び後期中等教育の在り方」最終報告 **公益財団法人みずほ教育福祉財団より私立特別支援学校への教育設備助成始まる（以後、毎年）**	1月 三木安正、叙勲される 2月 旭出学園教育双書『生産教育』刊行 6月 旭出学園教育双書『寮の教育』刊行
1983	昭和58		2月 旭出学園教育双書『教育と研究 上』刊行

			4月 アフターケア「あおば会」の発足 9月 旭出学園教育双書『教育と研究 下』刊行 10月 都立石神井養護学校との交流開始
1984	昭和59		5月 三木安正、逝去 7月 第3代理事長に坂元彦太郎就任、第3代校長に坂本豊就任 9月 旭出学園教育双書『行事による教育』刊行
1985	昭和60	4月 全特連機関誌『精神薄弱児研究』を『発達の遅れと教育』に改称	4月 専攻科で木工と紙工の作業開始
1986	昭和61	4月 「国民年金法」の改正により「障害者基礎年金」創設 **4月 光の村養護学校秩父自然学園開校（のち、光の村秩父自然学園）**	4月 マカトン法での指導開始 4月 大泉旭出学園、更生施設「大利根旭出福祉園」開園（千葉県香取市）
1987	昭和62	5月 「障害者雇用促進法」の改正により精神薄弱者も対象に	
1988	昭和63	4月 「障害者の雇用の促進等に関する法律」施行 7月 「精神保健法」施行	
1989	平成元	4月 文部省「盲学校、聾学校及び養護学校小学部・中学部学習指導要領」「盲学校、聾学校及び養護学校高等部学習指導要領」「盲学校、聾学校及び養護学校幼稚部教育要領」告示	4月 第4代校長に北川光信就任
1990	平成2		4月 富士旭出学園、更生施設「富士明成園」開園 6月 創立40周年記念式の開催。創立40周年記念誌『あゆみ』刊行

1991	平成3		4月 富士旭出学園、グループホーム「サニーヒル」の開所
1992	平成4	3月 文部省、通級学級に関する調査研究協力者会議「通級による指導に関する充実方策について（審議のまとめ）」発表	4月 職業実習棟「7号館」（JKA補助）の落成 4月 大泉旭出学園、授産施設分場「ワークショップあさひで」の開設 4月 大泉旭出学園、都立施設「東京都調布福祉園」の管理業務の受託
1993	平成5	1月 文部省「通級による指導」制度化 11月 福祉連盟「精神薄弱」に代わる用語として「精神遅滞」「知的障害」の使用 12月 「心身障害者対策基本法」から「障害者基本法」へ改正	
1994	平成6	4月 「子どもの権利条約」批准 5月 **学校法人大出学園、若葉養護学校開校（のち、支援学校若葉高等学園）**	4月 第4代理事長に肥田野直就任。第5代校長に平田康子就任
1995	平成7		3月 寄宿舎さつき寮の指導終了 10月 第1回旭出グループ中堅研修会の開催（以後、毎年開催）
1996	平成8	3月 文部省、調査研究協力者会議「盲学校、聾学校及び養護学校の高等部における職業教育の在り方について」報告	
1997	平成9		4月 大泉旭出学園、板橋区立施設「徳丸福祉園」の管理運営業務の受託
1998	平成10	7月 教育課程審議会「幼稚園、小学校、中学校、高等学校、盲学校、聾学校及び養護学校の教育課程の	4月 第6代校長に越智啓子就任 4月 富士旭出学園、心身障害児（者）

		基準の改善について」答申 9月 関係法律の一部の「精神薄弱」を「知的障害」に変更（1999年4月施行）	巡回療育相談事業の開始
1999	平成11	3月 文部省「盲学校、聾学校及び養護学校幼稚部教育要領、小学部・中学部学習指導要領、高等部学習指導要領」告示。「養護・訓練」を「自立活動」へ改称 4月 **愛育養護学校の学校法人化（のち、愛育学園）** 7月 文部省、学習障害児等に関する調査研究協力者会議「学習障害児に対する指導について」報告 12月 民法の一部改正「成年後見制度」（翌年4月施行）	4月 生活自立寮の指導開始
2000	平成12	11月 文部省、21世紀の特殊教育の在り方に関する調査研究協力者会議「21世紀の特殊教育の在り方について」中間報告	5月 創立50周年記念式の開催。「三木安正記念館」開館。同窓会「あおば会」を「旭出あおば会」へ変更 9月 練馬区立大泉南小学校6年生との交流教育の開始
2001	平成13	1月 文部省、調査研究協力者会議「21世紀の特殊教育の在り方について」最終報告 1月 省庁機構改革により文部省が「文部科学省」、特殊教育課が「特別支援教育課」に改称 4月 独立行政法人国立特殊教育総合研究所発足 10月 全日本特殊教育研究連盟は全日本特別支援教育研究連盟に改称	4月 高等部の定員変更（10名→15名） 10月 富士旭出学園、グループホームあわくらホームの事業開始 12月 創立50周年記念誌『花のまわりで——旭出学園50年のあゆみ』刊行
2002	平成14	10月 文部科学省、調査研究協力者会議「今後の特別支援教育の在り方について（中間まとめ）」報告	1月 第7回私特連教職員研修会の会場校 3月 1号館2階を改装して専攻科教室を設置。専攻科6号館から1号館に移る（6号館は美術室）

			4月 第7代校長に大見川正治就任 10月 富士旭出学園、障害児（者）地域生活センター「ゆきわりそう」の事業開始
2003	平成15	3月 文部科学省、調査研究協力者会議「今後の特別支援教育の在り方について」最終報告	4月 富士旭出学園、デイサービスセンター「ふじあさひで」の事業開始 6月 富士旭出学園、グループホームみやはらホームの事業開始
2004	平成16	4月 文部科学省「小・中学校におけるLD、ADHD、高機能自閉症等の児童生徒への教育支援体制の整備のためのガイドライン（施策）」発表 12月 議員立法「発達障害者支援法」成立	9月 全特連共催で「三木安正先生没後20年を偲ぶ会」開催 10月 大泉旭出学園、東京都より「調布作業所」運営の受託 11月 公開教育実践報告会開催。『教育実践報告集』刊行
2005	平成17	4月 文部科学省「特別支援教育体制推進事業」開始。幼稚園・高等学校への特別支援教育拡大 4月 「個人情報保護法」施行 10月 「障害者自立支援法」成立（翌年4月施行） 12月 中央教育審議会「特別支援教育を推進するための制度の在り方について（答申）」発表	12月 富士旭出学園、グループホーム三園平ホームの事業開始
2006	平成18	4月 鳥取大学附属特別支援学校に高等部専攻科設置 6月 「学校教育法等の一部を改正する法律」公布 12月 「教育基本法」改正 12月 国連「障害者権利条約」採択 12月 「高齢者、障害者等の移動等の円滑化の促進に関する法律（バリアフリー法）」施行	

2007	平成19	4月 文部科学省、学校教育法一部改正により「特別支援教育」を規定 4月 独立行政法人国立特殊教育総合研究所が「独立行政法人国立特別支援教育総合研究所」に改称 9月 わが国が「障害者権利条約」に署名 12月 国連、2008年度以降、毎年4月2日を「自閉症啓発デー」と決議	4月 第8代校長に星登志雄就任 4月 富士旭出学園、多機能型事業所「サポートセンターあさひで」の事業開始 5月 富士旭出学園、創立35周年事業として富士宮市より土地4万9397㎡の購入
2008	平成20	1月 中央教育審議会「幼稚園、小学校、中学校、高等学校及び特別支援学校の学習指導要領等の改善について」答申 4月 **学校法人明晴学園、明晴学園開校**	4月 専攻科の2学期制開始。専攻科の作業種目に清掃作業導入 5月 教育研究所、『マカトン法への招待』を刊行 6月 同窓会旭出あおば会、余暇活動原則月一回実施開始 8月 国の補助を受け、1・2・3号館と体育館の耐震補強工事実施
2009	平成21	3月 文部科学省「特別支援学校小学部・中学部学習指導要領」「特別支援学校高等部学習指導要領」「特別支援学校幼稚部教育要領」告示	4月 東京都の経常費経費補助が国の単価を上回る（以後、6年間） 8月 4・7号館と生活自立寮の防水工事、2・3・4・7号館と体育館の学習環境の改善工事実施
2010	平成22	4月 **高等学校等就学支援金制度導入** 7月 文部科学省、中教審初等中等教育分科会「特別支援教育の在り方に関する特別委員会」設置	4月 「旭出養護学校」から「旭出学園（特別支援学校）」に名称変更 5月 創立60周年記念式の開催。創立60周年記念誌『原点にかえる――生活教育・生産教育・生涯教育』刊行 10月 公開研究協議会の開催 10月 教育研究所、『マカトン法を用い

			ての教育実践』を刊行 10月 『教育実践報告集Ⅱ 2010』刊行
2011	平成23	（3月 東日本大震災発生） 5月 中教審分科会特別支援教育の在り方に関する特別委員会「合理的配慮等環境整備検討ワーキンググループ」公表	3月 学校敷地内「ワークショップあさひで」が閉鎖。利用者は旭出生産福祉園本館へ 4月 第9代校長に田村初枝就任
2012	平成24	10月 「障害者虐待防止法」施行	4月 第5代理事長に徳川恒孝就任 10月 教育研究所、『ASA旭出式社会適応スキル検査』を刊行
2013	平成25	4月 「障害者自立支援法」を「障害者総合支援法」へ変更・施行 4月 「障害者法定雇用率」改正1・8%→2・0%（民間）、2・1%→2・3%（公共機関） 4月 「障害者優先調達推進法」施行 6月 「障害者差別解消法」（2016年4月施行） **12月 私特連、第1回学校経営研修会開催（以後、毎年）**	
2014	平成26	1月 「子ども貧困対策推進法」施行 2月 わが国で「障害者権利条約」発効 **4月 私立高等学校等就学支援金実施（年収制限有）**	
2015	平成27	3月 熊谷理療技術高等盲学校閉校 4月 「子ども・子育て支援法」施行 **4月 文科省「私立特別支援学校の老朽校舎改築制度」創設**	1月 教育研究所、『S-M社会生活能力検査の活用と事例――社会適応性に活かすアセスメント』を発刊 3月 さつき寮を耐震補強及び改修し、「まきの館」へリニューアル
2016	平成28	4月 障がい者への「合理的配慮」の義務化	4月 第10代校長に岡田馨就任

2017	平成29	4月 **日本体育大学附属高等支援学校開校** 4月 **聖母の家学園、高等部専攻科2年制から4年制「専攻科NEXT」開科** 4月 文科省「特別支援学校幼稚部教育要領」「特別支援学校小学部・中学部学習指導要領」告示 7月 **私立小中学校等に通う児童生徒への経済的支援に関する実証事業実施（年収制限有、令和3年度までの5年間）**	
2018	平成30	8月 **私特連、第1回特別支援学校教育実践交流会開催（以後、毎年）**	8月 生活自立寮のリノベーション実施 8月 第1回特別支援学校専攻科教育実践交流会の会場校
2019	令和元	4月 **「特別支援学校高等部学習指導要領」告示** 9月 **文科省、新しい時代の特別支援教育の在り方に関する有識者会議発足（私特連会長大出浩司・若葉高等学園校長の委員選任）**	8月 2号館の改修工事実施
2020	令和2	4月 **高等部専攻科修学支援金実施（年収制限有）**	5月 コロナ禍のために創立70周年記念式の中止 12月 第6代理事長に上野一彦就任
2021	令和3	1月 中教審「「令和の日本型学校教育」の構築を目指して」の答申 1月 **文科省、「新しい時代の特別支援教育の在り方に関する有識者会議報告」公表** 4月 **学校法人三幸学園、仙台みらい高等学園開校** 4月 **東京都より私立特別支援学校4校へ経常的経費に特別補助の加算が開始** 9月 「医療的ケア児支援法」施行	4月 第11代校長に慶野直美就任 11月 創立70周年記念誌『知的障がい児者の生涯教育・生涯福祉——ライフステージに応じた支援』刊行

2022	令和4	4月　「特別支援学校設置基準」施行	10月　富士旭出学園、創立50周年記念式の開催
2023	令和5	3月　こども家庭庁発足 **3月　三愛学舎、国・県の補助を受け高等部校舎落成** 4月　「こども基本法」施行	3月　公益財団法人JKAの補助により専攻科校舎「さくら館」落成 5月　第5回特別支援学校専攻科教育実践交流会の会場校
2024	令和6	（1月　能登半島地震） 4月　「障害者法定雇用率」改正、2・5%となる 4月　「改正障害者差別解消法」施行	

学校法人　日本聾話学校　　理事長　水口　洋
日本聾話学校　　　　　　　校　長　鈴木　実
聴覚障がい／幼稚部、小学部、中学部／1920年創立
〒195-0063　東京都町田市野津田町並木1942
TEL 042-735-2361／FAX 042-734-8292／https://nrg.ac.jp/

学校法人　明晴学園　　理事長　田門　浩
明晴学園　　　　　　　校　長　市田泰弘
聴覚障がい／幼稚部、小学部、中学部／2008年創立
〒140-0003　東京都品川区八潮5-2-1
TEL 03-6380-6775／FAX 03-6380-6751／https://www.meiseigakuen.ed.jp/

学校法人　聖坂学院　　理事長　柴田昌一
聖坂支援学校　　　　　校　長　佐野明紀
知的障がい／小学部、中学部、高等部本科・専攻科／1967年創立
〒231-0862　神奈川県横浜市中区山手町140番地
TEL 045-622-2974／FAX 045-622-2923／http://www.hijirizaka.jp/

学校法人　横浜訓盲学院　　理事長　村瀬道雄
横浜訓盲学院　　　　　　　学院長　笹野信治
視覚障がい／幼稚部、小学部、中学部、高等部・専攻科、理療科／1889年創立
〒231-0847　神奈川県横浜市中区竹之丸181番地
TEL 045-641-2626／FAX 045-641-2627／https://kunmou.jp/

学校法人　ねむの木学園　　理事長　梅津健一
特別支援学校　ねむの木　　校　長　梅津健一
肢体不自由／無学年／1968年創立
〒436-0221　静岡県掛川市上垂木2979-2
TEL 0537-26-3900／FAX 0537-26-3910／https://www.nemunoki.or.jp/

学校法人　特別支援学校　聖母の家学園　　理事長　伊藤春樹
特別支援学校　聖母の家学園　　　　　　　校　長　山下達也
（四日市校）
知的障がい／小学部、中学部、高等部本科・専攻科／1971年創立
〒510-0961　三重県四日市市波木町330-5
TEL 059-321-4502／FAX 059-321-4513
（いなべ校）
知的障がい／小学部、中学部、高等部本科・専攻科／2024年創立
〒511-0514　三重県いなべ市藤原町石川989
TEL 0594-46-8030／FAX 0594-37-3489／https://www.seibonoie-gakuen.ac.jp/（共通）

学校法人　光の村学園　　　　　　　理事長　北野光子
特別支援学校　光の村土佐自然学園　校　長　藤﨑富実子
知的障がい／中学部、高等部本科・専攻科／1969年創立
〒781-1154　高知県土佐市新居2829
TEL 088-856-1069／FAX 088-828-6570／https://tosa.hikarinomura.ed.jp/

私立特別支援学校連合会名簿

2024年５月現在

法人名　代表者名 学校名　代表者名 主な障がい種別／設置学部／創立年 所在地 電話番号／FAX 番号／ホームページ
学校法人　日本体育大学　理事長　松浪健四郎 日本体育大学附属高等支援学校　校　長　平野雅嗣 知的障がい／高等部本科／2017年創立 〒093-0045　北海道網走市大曲1-6-1 TEL 0152-67-9141／FAX 0152-67-9142／http://s-nittai.ed.jp/
学校法人　カナン学園　理事長　澤谷常清 三愛学舎　校　長　澤谷常清 知的障がい／高等部本科・専攻科／1978年創立 〒028-5133　岩手県二戸郡一戸町中山字軽井沢49-33 TEL 0195-35-2231／FAX 0195-35-2781 ／http://sanaigakusha.net/
学校法人　明和学園　理事長　遠藤正敬 いずみ高等支援学校　校　長　伊藤徳子 知的障がい／高等部本科・専攻科／1962年創立 〒983-0832　宮城県仙台市宮城野区安養寺2-1-1 TEL 022-293-7636／FAX 022-293-7632／https://www.izumi-shien.jp/
学校法人　大出学園　理事長　大出浩司 支援学校　若葉高等学園　校　長　大出浩司 知的障がい／高等部本科・専攻科／1994年創立 〒371-0241　群馬県前橋市苗ヶ島町2258-4 TEL 027-283-1011／FAX 027-283-1010／http://www.wakaba-y.jp/
学校法人　光の村学園　理事長　北野光子 特別支援学校　光の村秩父自然学園　校　長　鈴木幸太 知的障がい／中学部、高等部本科・専攻科／1986年創立 〒369-1901　埼玉県秩父市大滝4783 TEL 0494-26-5617／FAX 0494-53-1003／https://chichibu.hikarinomura.ed.jp/
学校法人　愛育学園　理事長　冨田哲郎 愛育学園　校　長　大羽太郎 知的障がい／幼稚部、小学部／1934年創立 〒106-0047　東京都港区南麻布5-6-8 TEL 03-3473-8319／FAX 03-3473-8474／http://www.aiikugakuen.ed.jp/
学校法人　旭出学園　理事長　上野一彦 旭出学園（特別支援学校）　校　長　慶野直美 知的障がい／幼稚部、小学部、中学部、高等部本科・専攻科／1950年創立 〒178-0063　東京都練馬区東大泉7-12-16 TEL 03-3922-4134／FAX 03-3923-4009／http://www.asahide.ac.jp/

支援金では、父母の年総所得額が 910 万円以下の家族の大半が該当し、経済的に救われております。しかし、専攻科の修学支援補助金は、父母の年 380 万円以下の低所得の対象家庭に留まっております。本科の就学支援金との間に相当な格差が生じております。令和 3 年度の『新しい時代の特別支援教育の在り方に関する有識者会議』でも、高等部普通科の在学期間では深みきれない生徒への後期中等教育機関として専攻科の存在は極めて重要且つ期待されていることが記されています。

高等部卒業後の進学する選択肢が狭い中、生徒自らが将来を創造し専攻科進学を希望、併せて我が子の思いを実現できる場所として、保護者からの期待も高まっております。

また母子、父子家庭による低所得者が増えており、授業料等の負担で専攻科の学びの機会を断念することのないよう専攻科対象者の所得基準枠を、せめて高等部本科の就学支援金所得基準の約 1/2 に当たる 450 万円迄引上げて下さるようお願いいたします。

3　寄宿舎に配置する指導員と生徒数の比率の見直しをお願いしたい。

私特連の長年要望であった寄宿舎指導員補助を、令和 4 年度から付けて戴き感謝を致します。しかし、日常生活全般にわたる指導・支援と、生徒の幅広い障がいから、6(生徒数):1(寄宿舎指導員)では十分とは言えず、私特連の寄宿舎設置校では、実態に即した指導員数を配置しております。過去、寄宿舎有無一律に経常的経費補助から寄宿舎運営全てが賄われていた時を鑑みますと、学校運営は大きく改善されましたが、現在も経常的経費補助から大半を引当てている関係上、より現実的に 4(生徒数):1(寄宿舎指導員)の割合で、補助を付けていただけますようお願いいたします。

1　公立特別支援学校、私立学校との私立特別支援学校間における格差是正改革をお願いしたい。（特別支援教育分経常費補助 0.9%→5.0%への引上げ）

令和 6 年度私立大学等経常費補助金（私立高等学校等経常費補助（特別支援教育分））は、全国私立学校(以下、全私学と言う。)の小中高等学校(全日制・定時制課程)の現状を鑑みて(幼稚園を除く)厳しい財政の中、前年度同様 0.9%の増額されました。しかしながら、過去数回に渡って貴省より私特連加盟校に対し、全私立学校の補助に加えて 0.1%以上更に上乗せいただいた前例を鑑みますと、前年度同様今回に於いても全私学と同額の補助率は、期待外の結果でした。

私特連加盟校は、全私学の通常生徒が学ぶ学校に比べ、生徒一人当たりの経常的経費補助が高いための十分な根拠があります。学校規模は小さいものの、複数の障がいを重複している幼児児童生徒を大勢お預かりしており、多様な子どもたちの指導・支援を行うため、また障がいの状態や特性及び心身の発達の段階を十分把握し、学校教育活動等に反映できる幅広い知識・技能を持った専門性の高い教師の多く配置が必要とされる学校特性が挙げられます。全私学と比較し、運営費全体の人件費に占める割合が非常に高く、公正、公平さを重視した同額の補助率では、むしろ偏った見方であり不平等と言えるものです。

また、風評被害の煽りも受けて、前年度にも増して多くの国公私立特別支援学校では慢性的な教職員不足の課題を抱えており、教師が生徒一人一人の学びを十分に引き出す指導・支援体制が取れず、役割を果たせていない状況にあります。

加えて、近年の急激な物価上昇に伴い、教職員給与等の処遇改善を図るものの追い付かず、労働環境も整備できずに悪化しており、教員配置もままならず欠員のまま現場を託している学校もあり、生徒並びに教職員の健康、安全すら危ぶまれる事態に立たされており、教師の専門性、志気を高め、誇りを持って働くには、ほど遠く、質の高い教職員集団は実現されないことを危惧するものです。

この様な中、私立特別支援学校では、毎年 0.9%の上乗せによる格差は一向に埋まらず、更には公立特別支援学校の 1/2 以下の補助金(貴省と各自治体が同額)で、教員の採用や学校施設等が整備できず、厳しい運営が続いております。

この程、公立特別支援学校並びに全国私立学校との格差是正も含め、現在の危機的状況から脱却し、私立特別支援学校本来の役割を果たすために、令和 7 年度は 5.0%(過去に実績あり)の経常費補助(特別支援教育分)の増額を賜りますようお願い申し上げます。

2　専攻科生修学支援補助金の対象保護者(所得枠)の拡充、専攻科修学支援金の増額をお願いしたい。

予てから念願であった私立高等学校等専攻科生修学支援補助金が、令和 2 年度交付され、高等部専攻科に進学する生徒の保護者負担は相当に軽減されております。

全国に私特連加盟校 8 校、大学行政法人(鳥取大学附属)1 校等の計 10 校が高等部専攻科を設置しております。修業年限は設置校によりそれぞれ 2～4 ヵ年間を設け、ゆっくり時間を掛けて成長する生徒に必要な学びの機会を整備しており、私特連主催の専攻科教育実践交流会では、毎年各校より教育の成果が報告されています。

専攻科修学支援金が制定されて今年で 5 年目に入りますが、高等部本科生が対象の就学

文部科学大臣　盛山　正仁　殿

私立特別支援学校連合会
会　長　　大出　浩司　　　㊞

令和７年度私立特別支援学校の教育振興補助に関する要望書

昨年度、コロナウイルス感染症が第５類への移行措置後又、災害対策等への継続したきめ細かなご指導、ご支援により、不安なく学校教育活動が継続できますことは、ひとえに文部科学省(以下、貴省という。)が進める全ての子どもたちへの安全・安心な教育環境並びに教職員の職場環境整備へのご尽力に対し深く感謝をいたします。

現在、特別な支援を必要とする幼児児童生徒の個々の実態の変化と共に、在籍者の増加に伴う教室不足の解消に向けて、特別支援学校の新設、増設に向けた取り組みが各自治体単位で進められており、昨年５月の段階で全国国公私立特別支援学校数は約1,180校[此の内、13法人15校が、私立特別支援学校連合会(以下、私特連という。)に加盟する私立の特別支援学校]に増えており、今後も更なる学校、教室数の確保、全ての障がいのある生徒が支障なく学べる教育環境及び施設整備が喫緊の課題であります。

私特連加盟校では、多様化する幼児児童生徒一人一人を丁寧に且つ個に適合した学校施設の整備並びに特色ある教育活動の更なる推進に当り、昨年度も貴省各担当課様との意見交換の設定等、特段のご理解並びにご支援いただくことができ、厚く御礼を申し上げる次第です。

私どもは、全私立学校の中でも、極少数の団体ですが、創立以降一貫した「建学の精神」に基づく私立学校でしか成せない独自の教育を進めており、今の日本の特別支援教育の重要な役割を果たしているところです。

今後も私特連は、障がい者の権利に関する条約に基づくインクルーシブ教育システムの理念を構築し、特別支援教育を進展させていくために、引き続き障がいのある子どもたちに可能な限り、一人一人に必要な合理的配慮、教育的ニーズに的確に応える指導・支援が提供できるような教職員体制並びに多様な学びの場の尚一層の充実・整備に努めて参る所存です。

これらを踏まえ、私特連として「令和の日本型学校教育」の構築の一翼を担うため、以下のとおり令和７年度施策の予算計上について要望いたします。

文部科学大臣宛　要望書

要　望　書

令和6年6月28日

私立特別支援学校連合会

著者略歴

星登志雄（ほし　としお）

1949年福島県生まれ。専修大学文学部人文学科卒業。1972年、旭出学園高等部所属の生産部で勤務を開始し、中学部主任、教頭職を経て、2006～10年には校長を務めた。現在は、大出学園支援学校若葉高等学園副校長、私立特別支援学校連合会事務局長を務める。旭出学園勤務時には、学校行事やカリキュラムの整備、卒業生の支援組織づくりのほか、後進の育成も担った。創設者・三木安正の教えを受け、旭出学園創設時からのエピソードややりとりを多数有する。

田村初枝（たむら　はつえ）

1954年栃木県生まれ。宇都宮大学教育学部卒業。東京学芸大学大学院修士課程修了。1981年、旭出学園養護学校小学部で教員としてのキャリアを開始し、中学部・高等部・専攻科での勤務を経て、2011～15年に校長を務めた。現在、旭出学園特任教諭。校長職にあった15年から、旭出学園ホームページでコラム「つねづね草～前校長（特任教諭）のひとり言～」を月１回ペースで掲載。

【お問い合わせ】
本書の内容に関するお問い合わせは
弊社お問い合わせフォームをご利用ください。
https://www.heibonsha.co.jp/contact/

私立特別支援学校と生涯支援
小さな学校の大きな挑戦

発行日――2024年11月6日　初版第1刷

著　者――星登志雄・田村初枝

発行者――下中順平

発行所――株式会社平凡社
〒101-0051 東京都千代田区神田神保町3-29
電話（03）3230-6573［営業］
平凡社ホームページ https://www.heibonsha.co.jp/

装幀デザイン――安藤紫野（こゆるぎデザイン）

D T P――矢部竜二

印　刷――株式会社東京印書館

製　本――大口製本印刷株式会社

ISBN978-4-582-51295-3